Dominio de las ventas salientes

Transformando vidas y negocios

Escrito por Daniel Carr
Publicado por la editorial Cornell-David

Índice

Subsección 10.1: IA (Inteligencia Artificial) en las Ventas Outbound

Descargo de responsabilidad financiera
Derechos de autor y otras exenciones de responsabilidad:

Sección 1: Introducción a las ventas salientes

Capítulo 1: Descripción general de las ventas salientes

¡Bienvenido al comienzo de su viaje de dominio de las ventas! Este capítulo dedicará sus conocimientos a una comprensión profunda de las ventas salientes y de por qué son una habilidad esencial en el mundo de los negocios modernos. En este inmenso cosmos de ventas y marketing, las ventas salientes son la piedra angular para lograr el crecimiento y el éxito empresarial.

Las ventas salientes se refieren a la táctica proactiva mediante la cual los equipos de ventas inician la participación del cliente al llegar a clientes potenciales a través de diversos medios, incluidas llamadas en frío, correos electrónicos, marketing en redes sociales, ferias comerciales o métodos publicitarios.

En transición desde estrategias pasadas que se centraban principalmente en productos o servicios, las ventas salientes han evolucionado con la era digital. Ya no se trata de vender un producto, sino de establecer relaciones con los clientes, demostrar una comprensión real de sus necesidades y ofrecerles soluciones relevantes. Este método ya no se centra en cerrar el trato, sino en fomentar relaciones que hagan que sus clientes potenciales se sientan apreciados y comprendidos.

Las ventas salientes giran en torno a un enfoque preciso y paso a paso:

- **Prospección:** Implica identificar clientes potenciales o 'leads' que podrían estar interesados en su producto o servicio. Esto implica una extensa investigación de mercado y el uso de varias bases de datos de clientes y LinkedIn for Business, entre otros.
- **Divulgación:** A partir de los clientes potenciales definidos, el siguiente paso es establecer una modalidad de contacto. Esta tarea se ejecuta a través de llamadas en frío, correos electrónicos en frío, redes sociales o reuniones en persona.
- **Seguimiento:** Posiblemente uno de los pasos más cruciales en las ventas salientes sea el seguimiento. Incluye aclarar dudas, proporcionar más información sobre el producto o servicio y persuadir al cliente potencial para que realice una compra.
- **Cierre:** Es el paso final de cualquier proceso de venta. Con una propuesta convincente y alineada con las necesidades del cliente, el representante de ventas se esfuerza por cerrar el trato en esta etapa.

Históricamente, las ventas se han considerado una profesión agresiva. Sin embargo, las ventas salientes, a pesar de implicar un contacto directo con clientes potenciales, no consisten en abrumar a los prospectos para que inviertan en su producto o servicio. Las ventas salientes, en el mejor de los casos, hacen hincapié en abordar las necesidades y consultas de los clientes, haciéndolos sentir cómodos no sólo con el producto o servicio, sino también con la marca.

Existe una idea errónea común de que las ventas salientes son una forma intrusiva de marketing y, a su vez, de creación de negocios. Si bien las agresivas llamadas de telemercadeo que interrumpen las cenas familiares pueden haber contribuido a esta imagen, está lejos de la verdad. Una estrategia de ventas salientes estratégica y bien ejecutada consiste en conectarse con clientes potenciales cuando les convenga, analizar sus necesidades y adaptar sus servicios a sus necesidades. Se trata más de crear una relación mutuamente beneficiosa con los clientes que dure más allá de una transacción única.

Uno de los muchos beneficios de dominar las ventas salientes incluye un mayor control sobre el proceso y el cronograma de ventas, la creación de una base de clientes específica, la capacidad de llegar a nuevos mercados y la ampliación de campañas de alta frecuencia.

Al final de "Dominio de las ventas salientes: transformar vidas y negocios", no solo comprenderá la importancia estratégica de las ventas salientes, sino que también dominará la delicadeza con la que puede transformar clientes potenciales en clientes y clientes únicos en clientes a largo plazo. A medida que profundizamos en el mundo de las ventas salientes, nos gustaría que mantenga la mente abierta, considere nuevas estrategias, cuestione procesos antiguos y vea cómo esto transforma no solo sus cifras de ventas, sino también su relación con sus clientes.

Subsección 1.1: Comprensión de los fundamentos de las ventas salientes

Las ventas salientes son un enfoque proactivo y específico que las organizaciones emplean para llegar a clientes potenciales que tal vez desconozcan las ofertas de la empresa o no estén buscando activamente la solución. Es una táctica de ventas tradicional en la que los representantes se acercan a clientes potenciales y buscan su atención para presentarles productos o servicios. En el mundo de las ventas, muchas personas encuentran un desafío las ventas salientes. Sin embargo, puede transformarse en una experiencia gratificante, que tendrá un impacto significativo en la vida y los negocios cuando se hace correctamente; de ahí la necesidad de dominar este arte.

En primer lugar, las ventas salientes no se tratan sólo de vender un producto o servicio a clientes potenciales. Se trata de comprender sus necesidades, ofrecerles la solución adecuada y, finalmente, establecer una relación que vaya más allá de la simple interacción vendedor-comprador. Por lo tanto, dominar las ventas salientes requiere una combinación de habilidades, que incluyen perseverancia, creatividad, resiliencia, comunicación y, lo más importante, empatía.

El éxito de una estrategia de ventas salientes radica en su ejecución. Implica:

- **Prospección** : esta es la etapa inicial en el proceso de ventas salientes donde los representantes identifican clientes potenciales o clientes potenciales. Los prospectos generalmente se dirigen en función de un conjunto predefinido de calificaciones o parámetros. La prospección es fundamental ya que marca la pauta para todo el ciclo de ventas y requiere una planificación estratégica.
- **Alcance** : después de la etapa de prospección, los representantes se comunican con clientes potenciales. Se pueden utilizar varios métodos, como llamadas en frío, correos electrónicos, ventas sociales o reuniones en persona. El objetivo aquí es generar interés y establecer la conexión inicial.
- **Compromiso** : después de comunicarse, los representantes interactúan con los clientes potenciales, comparten más sobre las ofertas, comprenden sus necesidades o puntos débiles y demuestran cómo pueden brindar una solución.

- **Cierre** : este es el paso final en el que, después de una serie de discusiones y negociaciones, se cierra el trato. Aquí, los representantes deben asegurarse de que los clientes potenciales estén satisfechos con la solución y convencidos de comprar el producto o servicio.

En un contexto más amplio, el proceso de ventas salientes es una oportunidad para construir relaciones con clientes potenciales. Le permite posicionar su negocio frente a ellos, enfatizar su propuesta de valor y mostrar cómo sus ofertas pueden resolver sus problemas y mejorar sus vidas.

Dominar las ventas salientes es un esfuerzo continuo: implica aprendizaje continuo, práctica y, lo más importante, la capacidad de adaptarse a las necesidades cambiantes de los clientes. Este libro "Dominio de las ventas salientes: transformar vidas y negocios" está diseñado para proporcionar los conocimientos y las herramientas prácticas necesarios para convertirse en un maestro en las ventas salientes. Nuestro objetivo es ayudarle a perfeccionar sus estrategias, técnicas y habilidades para ser un vendedor exitoso. La idea no es solo transformar tu negocio sino también tu vida, inculcando confianza y resiliencia que trascenderán más allá de tu ámbito profesional.

Las secciones siguientes profundizarán en cada uno de estos aspectos, incluidos consejos y estrategias prácticas para técnicas efectivas de prospección, divulgación, participación y cierre, junto con información valiosa sobre cómo mejorar las habilidades de comunicación, la resiliencia, la creatividad y la empatía. Embárcate en este apasionante viaje hacia el dominio, la transformación y el éxito en las ventas salientes.

La esencia de las ventas salientes

Las ventas salientes representan el corazón de cualquier negocio, tanto de pequeña como de gran escala. Implican servicios en los que los representantes de ventas inician la interacción con el cliente de forma proactiva. Esta forma de marketing implica que los vendedores busquen clientes potenciales, a diferencia de las ventas entrantes, donde los clientes buscan productos de forma independiente.

En primer lugar, es vital comprender qué implican las ventas salientes antes de sumergirse en su dominio. Las ventas salientes son formas tradicionales de venta que implican llamadas en frío (llamadas no solicitadas a clientes potenciales) y, por lo general, se basan en un conjunto de guiones predefinidos. A diferencia de las ventas entrantes que se dirigen a clientes potenciales que ya están interesados en productos o servicios, las ventas salientes colocan estratégicamente productos y servicios ante los clientes potenciales.

Mundo dinámico de las ventas salientes

En un mundo empresarial que cambia rápidamente, el arte de las ventas salientes también está experimentando una transformación. Lo que solía ser un dominio de llamadas en frío y correos electrónicos masivos ahora es un mundo de software CRM avanzado y chatbots de inteligencia artificial, junto con correos electrónicos personalizados y automatizados.

Hoy en día, los vendedores tienen a su alcance una gran cantidad de información sobre los clientes, lo que les permite adaptar su enfoque para satisfacer las necesidades específicas de un cliente. Esto es esencial en el panorama empresarial contemporáneo donde los clientes anhelan experiencias personalizadas.

La necesidad de las ventas salientes

Una pregunta que podría surgir en este punto es ¿por qué son necesarias las ventas salientes? La razón es sencilla: por muy encantadora que parezca la idea de que los clientes potenciales ingresen a una empresa de forma independiente, no siempre es la realidad. La competencia en casi todos los sectores hoy en día es feroz, gracias a Internet y la globalización. Por lo tanto, las empresas deben llegar de manera proactiva y convencer a los clientes para que compren su producto o presten su servicio. Esto ilustra la importancia de las ventas salientes.

Estrategia eficaz de ventas salientes

Las ventas salientes no consisten en llegar al azar a clientes potenciales. Requiere una estrategia integral para ser eficaz. Una estrategia de ventas salientes eficaz implica una segmentación precisa de la audiencia, mensajes personalizados, comunicación activa, seguimientos persistentes y ajustes dinámicos basados en los resultados.

También abarca el seguimiento del comportamiento de los clientes potenciales, ajustes consistentes en productos o servicios para satisfacer las necesidades de los clientes y el fomento de las relaciones con los clientes para repetir negocios y referencias.

Conclusión

Por lo tanto, el dominio de las ventas salientes implica mucho más que simplemente dominar los guiones o discursos de ventas. Adopta un enfoque inteligente, estratégico, personalizado y persistente para encontrar clientes potenciales mientras reacciona eficazmente a sus necesidades y deseos. Prácticamente implica que una empresa o un vendedor se acerque a los clientes, adapte las experiencias y soluciones a sus necesidades y los guíe sutilmente a lo largo del proceso de compra.

Se trata de transformar clientes potenciales en clientes leales a largo plazo. Por lo tanto, dominar las ventas salientes se traduce indirectamente en crecimiento y éxito empresarial. Pero, como cualquier habilidad magistral, necesita una comprensión profunda, una estrategia meticulosa y una práctica regular, cada una de las cuales analizaremos en profundidad en los capítulos siguientes de este libro.

Las ventas salientes constituyen la columna vertebral de la industria de ventas contemporánea y dominar este arte puede resultar en una transformación significativa en vidas y negocios. Cada término y proceso involucrado en las ventas salientes es un componente esencial hacia el éxito, y vamos a desglosar estas piezas a medida que hojeamos el libro.

Subsección 1.1: Comprensión de los fundamentos de las ventas salientes

Las ventas salientes pueden ser eficaces para transformar vidas y negocios si se dominan correctamente. Esta subsección proporcionará una comprensión fundamental de las ventas salientes, su importancia y por qué las empresas de hoy deberían adoptarlas como una parte central de su estrategia de ventas.

Las ventas salientes son el proceso en el que los representantes de ventas se acercan a los clientes potenciales e intentan convertirlos en clientes. Este método de ventas tradicional implica iniciar interacciones con los clientes a través de varios canales, que pueden incluir llamadas en frío, envío de correos electrónicos o reuniones directas con los clientes. En las ventas salientes, la fuerza impulsora es el equipo de ventas que presenta su producto o servicio directamente a los clientes potenciales.

A diferencia de las ventas entrantes, que esperan a que los clientes potenciales muestren interés en su producto o servicio, las ventas salientes son proactivas y crean oportunidades para atraer clientes potenciales basadas en una planificación estratégica e intentos sistemáticos.

Importancia de las ventas salientes

1. **Llegue a más clientes** : a través de las ventas salientes, las empresas pueden llegar de forma proactiva a una mayor cantidad de clientes potenciales. Al dirigirse a perfiles y datos demográficos de clientes específicos, las ventas salientes permiten a una organización acceder a un mercado más grande.
2. **Mayor control sobre el cronograma de ventas** : mientras que el inbound marketing se basa en que los prospectos se den cuenta y se interesen a su propio ritmo, las ventas salientes permiten a las empresas tomar control sobre el cronograma del proceso de ventas.
3. **Estrategia dirigida** : las ventas salientes a menudo implican una estrategia muy específica, lo que significa que puede llegar a aquellos clientes potenciales que tienen más probabilidades de

comprar su producto o servicio. Esta estrategia puede basarse en ciertos datos demográficos, industrias, funciones laborales o necesidades estratégicas.
4. **Conocimiento de la marca** : una estrategia de ventas salientes bien ejecutada puede ayudar a aumentar el conocimiento de la marca entre los clientes potenciales. Al comunicarse directamente con los clientes potenciales, las empresas pueden asegurarse de que su marca esté al frente y al centro, en lugar de esperar a ser descubierta.

El papel de las ventas salientes en las empresas modernas .

En la era de la digitalización, muchas empresas pueden inclinarse a centrarse únicamente en estrategias de inbound marketing. Sin embargo, una estrategia de ventas salientes bien definida sigue siendo una parte esencial de una iniciativa integral de crecimiento empresarial. Al combinar creatividad, análisis y comprensión de las necesidades del cliente, las ventas salientes pueden catalizar el crecimiento empresarial y mejorar las relaciones con los clientes.

Las ventas salientes pueden ser particularmente efectivas para empresas o industrias B2B donde las decisiones de compra son complejas y requieren un toque más personal. Independientemente del tipo de negocio, las ventas salientes desempeñan un papel integral a la hora de alimentar la parte superior del embudo de ventas, nutrir a los clientes potenciales y, en última instancia, convertirlos en clientes leales.

Si bien dominar las ventas salientes exige un profundo nivel de compromiso y planificación estratégica, las recompensas a menudo valen la inversión. A medida que profundicemos en este libro, descubriremos estrategias, técnicas y herramientas que pueden ayudarle a perfeccionar sus habilidades de ventas salientes y transformar significativamente su panorama empresarial.

Comprender las ventas salientes

El mundo de las ventas y el marketing es un panorama vasto y en constante cambio, que incluye una multitud de estrategias, metodologías y técnicas que allanan el camino para las transacciones comerciales. Un método fundamental que influye significativamente en las empresas hoy en día es la práctica de las *ventas salientes* . Esta subsección tiene como objetivo proporcionar una comprensión básica de las ventas salientes: su concepto, su importancia y cómo pueden transformar vidas y negocios para lograr el éxito.

Las ventas salientes implican un enfoque proactivo en el que los representantes de ventas llegan a clientes potenciales a través de varios canales, como llamadas telefónicas, correos electrónicos, eventos o redes sociales. A diferencia de su contraparte, las ventas entrantes, donde los clientes encuentran y se acercan orgánicamente a su negocio, las ventas salientes requieren una táctica más agresiva, ya que implica llegar a clientes potenciales que tal vez no estén al tanto de su negocio o sus productos. Este método se centra en impulsar el producto o servicio al mercado, buscar clientes potenciales y convertirlos en clientes reales.

No obstante, la clave para dominar las ventas salientes no reside en inundar a los clientes potenciales con mensajes o llamadas telefónicas incesantes, sino más bien en elaborar estratégicamente comunicaciones personalizadas y atractivas que los interesen y atraigan. Para encabezar eficazmente una estrategia de ventas salientes, es de suma importancia que los profesionales de ventas desarrollen un conocimiento profundo de su público objetivo, sus necesidades, preferencias, comportamiento y procesos de toma de decisiones. Cuando se realizan correctamente, las ventas salientes pueden ser rentables y generar altos rendimientos, lo que ayuda a las empresas a ampliar su base de clientes y aumentar sus ingresos.

Las ventas salientes pueden ser una herramienta extraordinaria que deja un impacto duradero en las empresas y en la vida de las personas. Esta técnica permite a las empresas acceder a un mercado más amplio, desbloquear oportunidades potenciales y facilitar el crecimiento empresarial. Para las personas, dominar las habilidades de ventas salientes puede abrir puertas a oportunidades profesionales prometedoras. Dota a los profesionales de habilidades esenciales como perseverancia, resiliencia, comunicación y negociación que son altamente transferibles y buscadas en muchos ámbitos profesionales.

Además, las ventas salientes ofrecen una oportunidad única para interactuar directamente con los clientes, fomentando así relaciones sólidas que son fundamentales para dar forma a la suerte de las empresas. Es un método que proporciona retroalimentación inmediata que permite a las empresas iterar y mejorar sus ofertas de productos u servicios. Esta retroalimentación de los clientes es vital no sólo en términos de estrategia de ventas, sino también para perfeccionar productos futuros, construir una marca sólida y fomentar relaciones duraderas con los clientes.

A través de los siguientes capítulos de este libro, "Dominio de las ventas salientes", profundizaremos en los matices de las ventas salientes. Exploraremos las diversas estrategias, técnicas, desafíos y métodos para superarlos. Descubrirá cómo se pueden practicar las ventas salientes de forma eficaz y ética, creando asociaciones mutuamente beneficiosas entre las empresas y sus clientes.

El camino hacia el dominio de las ventas salientes puede ser desafiante, pero sin lugar a dudas es gratificante. Al embarcarse en este viaje, recuerde permanecer resiliente, innovador y centrado en el cliente. ¡Brindo por su dominio de las ventas salientes y por transformar no solo sus negocios, sino también sus vidas para mejor!

Sección 2: Los fundamentos del dominio de las ventas

Subsección 2.1: Comprender la mentalidad vendedora

Pensar como un maestro de ventas es el primer paso revolucionario que debe dar en su camino hacia el dominio de las ventas salientes. Uno no puede dar lo que no tiene y, como tal, comprender la mentalidad de venta le proporciona las herramientas y los marcos mentales necesarios para sobresalir en el campo.

El cliente en el centro

Los vendedores exitosos reconocen que la venta no se trata de ellos como individuos; en cambio, se trata del cliente. Por lo tanto, la atención debe centrarse en proporcionar soluciones holísticas a los problemas de los clientes. No estás simplemente vendiendo un producto o servicio; usted está vendiendo valor, beneficios y soluciones.

Curiosidad y escucha activa

El dominio superlativo de las ventas requiere una buena dosis de curiosidad. Es esta curiosidad la que impulsa a los vendedores a interactuar genuinamente con los clientes, haciéndoles preguntas inquisitivas para comprender plenamente sus necesidades, deseos y puntos débiles. Junto con la curiosidad está el arte de la escucha activa. No sólo escuchar palabras, la escucha activa implica absorber, interpretar y responder eficazmente a las señales verbales y no verbales de los clientes.

Inteligencia Emocional (ESI)

Los vendedores emocionalmente inteligentes tienen mayores posibilidades de conectarse e influir en sus clientes. Tener un ESI alto significa que puedes identificar, procesar y gestionar tus emociones y, lo que es más importante, las de los demás. En situaciones de ventas, la inteligencia emocional se traduce en empatía y en la capacidad de captar la perspectiva del cliente, un activo valioso en la conversión de ventas.

Resiliencia y tenacidad

El campo de las ventas puede ser tumultuoso, lleno de rechazo y desánimo. Tener una mentalidad resiliente distingue a los ganadores en esta industria. La resiliencia es su capacidad para recuperarse de los reveses y continuar frente a la decepción. Estrechamente relacionada con la resiliencia está la tenacidad, la pura determinación y el desafío obstinado ante los desafíos; la negativa a ceder hasta que se realice la venta.

Aprendizaje continuo y adaptabilidad

El mundo que nos rodea cambia constantemente, al igual que el campo de las ventas. Los vendedores exitosos entienden que el aprendizaje es un proceso continuo y aprovechan las oportunidades para ampliar su base de conocimientos. Es importante mantenerse actualizado con las nuevas técnicas de ventas, tecnologías y cambios de la industria. La adaptabilidad es la capacidad de ajustar el propio enfoque en función de estos cambios, y esta flexibilidad a menudo resulta en una mayor eficacia.

Comprender estos componentes de la mentalidad de venta ofrece una base fundamental a medida que construye su edificio de dominio de las ventas salientes. Son atributos fundamentales que deben cultivarse y perfeccionarse para lograr el éxito en cualquier esfuerzo relacionado con las ventas. Al aprovechar estos marcos mentales, se prepara para transformar no sólo su carrera de ventas sino también los negocios y las vidas de aquellos con quienes se encuentra en el proceso. Recuerde, el verdadero dominio de las ventas no es un asunto de la noche a la mañana; esencialmente surge del crecimiento continuo y la búsqueda incesante de la excelencia.

Subsección 2.1: Comprensión del concepto de ventas salientes

Antes de emprender el viaje hacia el dominio de las ventas salientes, es fundamental comprender el concepto central detrás de esta estrategia promocional fundamental en los negocios. Las ventas salientes se pueden definir sucintamente como una estrategia de ventas tradicional en la que los vendedores se acercan a los clientes potenciales para persuadirlos de que compren los productos o servicios de su empresa. Estas tácticas a menudo emplean métodos como correos directos, llamadas de telemercadeo, ferias comerciales y comerciales de radio o televisión para atraer clientes potenciales.

Con la llegada de la digitalización, también se utilizan eficazmente nuevas plataformas de medios como el marketing en redes sociales, el marketing por correo electrónico y la publicidad de pago por clic (PPC). Abarcan la generación de clientes potenciales, la promoción de ventas, la negociación de contratos y el cierre de acuerdos con clientes. Se diferencia significativamente de las ventas entrantes, que se basan en métodos orgánicos para atraer clientes, como marketing de contenidos, optimización de motores de búsqueda (SEO), diseño de sitios web y otras estrategias que atraen a clientes que buscan activamente productos o servicios a su plataforma.

Subsección 2.1.1: El arte de la prospección de ventas salientes

El primer paso en las ventas salientes implica identificar clientes potenciales con quienes interactuar, lo que comúnmente se conoce como prospección. La prospección de ventas implica realizar una investigación exhaustiva para localizar personas que podrían ser clientes potenciales ideales para lo que ofrece su empresa.

Los prospectos podrían ser cualquiera, dependiendo de la naturaleza de su negocio, desde pequeños proveedores hasta grandes corporaciones que pueden obtener valor de sus productos y servicios. La tarea crucial que le queda al equipo de ventas sería desarrollar propuestas personalizadas y conectarse con estos prospectos para convencerlos sobre los beneficios de los productos o servicios de su empresa.

Subsección 2.2: Dominar el proceso de ventas salientes

Lograr la excelencia en las ventas salientes es un proceso meticuloso. Requiere un conocimiento integral sobre sus productos, el mercado, las necesidades del cliente y habilidades de comunicación persuasiva. Un proceso de ventas salientes práctico y eficaz normalmente implica pasos como;

- **Preparación:** Esto incluye una investigación exhaustiva de clientes potenciales y de mercado y la elaboración de argumentos de venta personalizados y convincentes.
- **Contacto inicial:** el siguiente paso es realizar el contacto inicial con los clientes potenciales con mensajes persuasivos y bien estructurados.
- **Seguimiento:** este paso es crucial ya que la mayoría de las ventas suelen realizarse en seguimientos. La persistencia es clave aquí.
- **Evaluación:** comprender las necesidades del cliente y evaluar las mejores formas en que su producto puede ayudar a resolver su problema o necesidades.
- **Presentación:** Aquí usted crea y realiza presentaciones o demostraciones personalizadas que resaltan los beneficios de su producto para el cliente potencial.
- **Manejo de objeciones:** abordar cualquier resistencia o inquietud que puedan tener sus clientes potenciales.
- **Cerrar la venta:** finalizar el trato obteniendo la confirmación de compra del cliente.
- **Servicio Postventa:** La relación empresa-cliente no finaliza una vez realizada la compra. Brindar un excelente servicio postventa crea una oportunidad para más negocios y referencias.

Subsección 2.3: Habilidades esenciales para dominar las ventas salientes

Tener éxito en las ventas salientes requiere el dominio de habilidades específicas que van más allá del conocimiento del producto y un alto grado de entusiasmo. Algunas de las habilidades esenciales incluyen;

- **Habilidades interpersonales:** sólidas capacidades de construcción de relaciones para generar confianza y credibilidad.
- **Habilidades de comunicación:** capacidad para transmitir y articular sus pensamientos de manera efectiva.
- **Habilidades de escucha:** comprender las necesidades del cliente es tan importante como promocionar las ventas.
- **Habilidades de negociación:** en ventas, la negociación a menudo puede significar la diferencia entre un trato y una oportunidad perdida.
- **Resiliencia:** enfrentar los rechazos es parte integral del proceso, y no dejar que eso afecte la moral es crucial para seguir adelante.
- **Habilidades analíticas:** Requisito para evaluar las tendencias del mercado y el comportamiento del consumidor.

Recuerde, el dominio de las ventas salientes es tanto una ciencia como un arte. Se necesita tiempo para perfeccionarlo, pero con esfuerzos persistentes y las estrategias mencionadas anteriormente, lograr la excelencia en las ventas salientes se convierte en una hazaña alcanzable.

Capítulo 6: Comprender el viaje del comprador

Para dominar las ventas salientes, es fundamental comprender su cronograma y proceso. La línea de tiempo gira en torno al recorrido del comprador: el proceso por el que pasa su cliente potencial desde que reconoce que tiene un problema hasta que considera posibles soluciones y toma la decisión de comprar.

Etapas del viaje del comprador

1. Etapa de concientización

Aquí es cuando el comprador se da cuenta de que tiene un problema. En esta etapa, el comprador sólo ha desarrollado el reconocimiento de los síntomas, pero aún no ha definido exactamente cuál es el problema. Como vendedor, su trabajo es ayudar a cristalizar esos síntomas en un problema tangible. A través de contenido atractivo, liderazgo intelectual y alcance estratégico, puede ayudar a su cliente potencial a articular sus desafíos.

2. Etapa de consideración

En este punto, el comprador comprende y articula claramente su problema u oportunidad. Ahora están comprometidos a investigar y comprender todos los enfoques o métodos disponibles para resolver el problema identificado. Es fundamental posicionar su solución como la que mejor se adapta en esta etapa. Quiere demostrar experiencia en el dominio para manejar tales desafíos y especificar claramente por qué su producto o servicio es superior a otros en el mercado.

La etapa de decisión es la última en la que el comprador ya ha decidido una categoría de solución. Ya tienen una lista de proveedores potenciales y están en el proceso de comparar ofertas antes de tomar una decisión de compra. Aquí, su tarea es garantizar que su producto se destaque por encima de la competencia. Puede hacerlo a través de estudios de casos, testimonios y demostraciones de la propuesta de valor de su producto.

Comprender las necesidades del comprador

Para guiar eficazmente a su comprador a través de estas etapas, la comprensión empática de sus necesidades es esencial. Al prestar mucha atención a las señales verbales y no verbales, puede adaptar su enfoque y sus mensajes para satisfacer esas necesidades. No se trata de vender duro, sino de querer genuinamente resolver el problema del cliente.

Alinear el proceso de ventas con el viaje del comprador

En el dominio de las ventas salientes, su proceso de ventas debe orientarse en torno al recorrido del comprador. Cada paso en su postura de ventas debe coincidir con la progresión del comprador a través de las etapas de conocimiento, consideración y decisión. Esta alineación no sólo aumenta sus posibilidades de cerrar acuerdos, sino que también fomenta la confianza con sus clientes potenciales.

Manejo de objeciones en el viaje del comprador

Las objeciones son algo habitual en cualquier proceso de venta. Sin embargo, a menudo señalan lagunas en la comprensión del comprador sobre su problema, solución o producto. Por lo tanto, en lugar de percibir las objeciones como obstáculos, considérelas como oportunidades para brindar claridad y generar credibilidad. El manejo hábil de las objeciones implica escuchar, comprender, sentir empatía y luego responder.

Al comprender el recorrido del comprador, podrá anticipar posibles objeciones en cada etapa y estar preparado para abordarlas de manera eficaz.

Recuerde, el dominio de las ventas salientes no solo gira en torno a su conocimiento del producto o sus habilidades de ventas, sino que depende significativamente de su comprensión del recorrido del comprador. La capacidad de guiar eficazmente a su cliente potencial a través de cada etapa del viaje, abordando sus necesidades y predilecciones, en última instancia, lo distingue en el competitivo mundo de las ventas.

Capítulo 6: Comprender su producto y su mercado

La clave para una venta exitosa radica no sólo en sus habilidades como vendedor, sino también en cuán profundamente comprende tanto el producto que vende como el mercado al que vende. El dominio de las ventas no es mágico: es una combinación de investigación, conocimiento, estrategia y construcción de relaciones. Sin un conocimiento profundo de su producto y su mercado, no tendrá una base sólida para sus estrategias de ventas salientes.

Subsección 6.1: Domine su producto

El producto es el Corazón de cualquier proceso de venta. Comprender los entresijos de su producto es mucho más que simplemente familiarizarse con sus características o especificaciones. Se trata de saber qué problemas resuelve, comprender sus beneficios y saber cómo se compara con la competencia.

Póngase en el lugar de sus clientes: sus clientes están comprando soluciones a sus problemas, no sólo productos. Por lo tanto, es esencial comprender la funcionalidad de su producto desde la perspectiva del usuario. Dedicar tiempo a utilizar su producto puede brindarle este punto de vista vital. Conozca el producto tan bien que pueda discutirlo con precisión y pasión.

Propuesta de valor: identifique y comprenda claramente la propuesta de valor única de su producto: ¿qué lo sitúa por encima y más allá de la competencia? Esto es en lo que se concentrará cuando pronuncie su argumento de venta.

Análisis de la competencia: al conocer su producto, también debe ser consciente de lo que ofrecen sus competidores. Al comprender cómo su producto se distingue de otros en el mercado, podrá comunicar mejor estas diferencias a los clientes potenciales.

Subsección 6.2: Decodifica tu mercado

El horizonte del mercado es amplio, en constante evolución y altamente competitivo. Comprender su mercado requiere una visión integral del perfil de su cliente, las tendencias actuales del mercado, el panorama competitivo y los factores regulatorios o económicos pertinentes que afectan el éxito de las ventas de su producto. Manténgase al tanto de lo que sucede en su industria y controle lo que están haciendo sus competidores.

Identifique su perfil de cliente ideal: saber quiénes son sus clientes potenciales le permitirá personalizar sus mensajes de ventas salientes. Comprenda sus necesidades, desafíos, puntos débiles y preferencias.

Comprenda la dinámica del mercado: manténgase actualizado con las tendencias del mercado y los indicadores económicos relevantes para su industria. Estos pueden afectar considerablemente la forma en que posiciona su producto y lo presenta a clientes potenciales.

Comportamiento del cliente: analice cómo los clientes interactúan con su producto, qué funciones utilizan más, qué aspectos les gustan o no. Esto le brindará una comprensión más profunda de las necesidades de sus clientes y cómo puede adaptar sus mensajes para satisfacer estas necesidades.

Considere los factores culturales: también es esencial comprender los aspectos culturales que podrían afectar sus ventas, especialmente si vende en un mercado global. En tales casos, es fundamental conocer los idiomas, las costumbres, las prácticas comerciales y las regulaciones locales.

En conclusión, dominar su producto y comprender su mercado están interconectados. Forman las bases principales sobre las que se construyen todas sus estrategias de ventas salientes. Cuanto más profundo sea su conocimiento de su producto y mercado, más eficaz será para conectarse con clientes potenciales, abordar sus necesidades y, en última instancia, cerrar acuerdos de ventas. A través del aprendizaje y la adaptación continuos, puedes transformar genuinamente tu juego de ventas y, a su vez, tu vida y tu negocio.

Subsección 2.1: Comprender a su audiencia

Para dominar las ventas salientes, comprender las necesidades, los deseos y los puntos débiles de su público objetivo constituye el trampolín. Crear una persona compradora es más que simplemente reconocer quiénes son tus clientes potenciales; Implica una comprensión profunda de sus objetivos, desafíos y estilo de vida.

Para entrar en la cabeza de sus clientes potenciales, debe hacer las preguntas correctas. Las siguientes son algunas de las cosas clave que debe comprender sobre su público objetivo:

- *¿Quiénes son?* Comience con datos demográficos básicos como edad, sexo, ubicación y puesto de trabajo. ¿En qué industrias operan? ¿Cuál es su papel en la organización?
- *¿Que quieren ellos?* ¿Cuáles son sus objetivos y aspiraciones tanto a nivel profesional como personal? ¿Puede su producto o servicio ser un vehículo que les ayude a alcanzar sus objetivos?
- *¿Cuáles son sus desafíos?* Comprender sus áreas problemáticas le permite comprender cómo su producto o servicio puede resolver estos problemas. Le permite posicionar su oferta como una solución.
- *¿Dónde consumen contenido?* Descubra si pasan tiempo en plataformas de redes sociales específicas, se suscriben a determinadas publicaciones o asisten a conferencias específicas. Saber dónde obtiene su audiencia su información puede formar parte integral de su estrategia de divulgación.

- *¿Cuál es su proceso de compra?* Obtenga una idea de cómo toman decisiones. ¿Quién participa en el proceso de toma de decisiones, cuánto tiempo suele tardar en tomar una decisión y qué factores influyen en sus elecciones?

Desarrollar una comprensión granular de su cliente objetivo le permite personalizar sus esfuerzos de divulgación y establecer una conexión resonante. Utilice este conocimiento no sólo para acercarse a las personas adecuadas, sino también para elaborar mensajes atractivos y personalizados que despierten el interés de su cliente potencial.

Subsección 2.2: Elaboración de una propuesta de valor ganadora

Su propuesta de valor es una explicación sucinta de por qué un cliente debería elegirlo a usted sobre sus competidores. En términos más simples, se refiere al valor único que promete ofrecer a sus clientes si eligen su producto o servicio.

A continuación se detallan algunos pasos para crear una propuesta de valor convincente:

- *Identifique los puntos débiles del cliente:* obtenga información a partir de su comprensión del público objetivo y describa los problemas que su personaje comprador está tratando de resolver.
- *Presente su solución:* este es su producto o servicio. Describa cómo aborda los puntos débiles identificados anteriormente. Recuerde centrarse en los beneficios, no en las características.
- *Resalte los diferenciadores únicos:* delinee qué hace que su producto o servicio se destaque de la

competencia. Utilice esto como una oportunidad para expresar por qué su solución es la mejor opción para sus clientes.

- *Comunique el resultado:* ayude a los clientes potenciales a visualizar los resultados positivos del uso de su producto o servicio.

Recuerde, su propuesta de valor debe ser clara, concisa y convincente. Debe captar la atención, despertar el interés e iniciar una conversación.

Subsección 2.3: Dominar el arte de la prospección

La prospección es una parte integral de las ventas salientes, pero a menudo se pasa por alto o se evita. La desgana a la hora de realizar prospecciones suele deberse a la falta de familiaridad o al miedo al rechazo. Dominar este arte puede influir drásticamente en el resultado de sus ventas.

La prospección eficaz incluye:

- *Investigación:* antes de iniciar el contacto, realice una investigación para comprender mejor a sus clientes potenciales y sus negocios. Ayuda no sólo a personalizar sus esfuerzos de divulgación sino también a predecir sus necesidades.
- *Llamadas en frío:* a pesar del auge de la tecnología digital, las llamadas en frío siguen siendo una potente herramienta de prospección en ventas. Se trata de crear un discurso conciso y bien estructurado que destaque el valor que aporta su producto o servicio.
- *Prospección de Email:* Esto es fundamental, especialmente en ventas B2B. Un correo electrónico eficaz es personalizado, conciso y tiene un llamado a la acción claro.

- *Venta social:* utilice redes profesionales como LinkedIn para establecer conexiones, compartir conocimientos e interactuar con clientes potenciales.

La clave para una prospección exitosa radica en ser consistente, persistente y resiliente, y al mismo tiempo aprender de los fracasos y modificar su enfoque cuando sea necesario.

Trascender más allá de una simple relación transaccional para crear conexiones genuinas con sus clientes potenciales puede llevarlo a dominar el arte de las ventas salientes. Adopte estas habilidades fundamentales para transformar no solo su carrera de ventas sino también las vidas y los negocios de los clientes a los que atiende.

Sección 3: Tácticas y técnicas de ventas esenciales

3.1 Definición de su mercado objetivo

Identificar su mercado objetivo es la base de una estrategia de ventas salientes eficaz. Atrae a quienes tienen más probabilidades de necesitar y comprar su producto o servicio, lo que ayuda a optimizar sus esfuerzos de ventas y aumentar las tasas de conversión.

Primero, utilice la `investigación de mercado` para determinar la demografía y la psicografía de su cliente ideal. Los datos demográficos incluyen edad, sexo, ubicación, ocupación, nivel socioeconómico y cualquier otra información que defina quiénes son como individuo. Es igualmente importante comprender la psicografía, que son el estilo de vida, las actitudes, los comportamientos y los hábitos de compra de sus clientes. Esto proporcionará una visión más profunda de lo que valoran y cómo acercarse mejor a ellos.

A continuación, considere la posibilidad de crear `personas compradoras` . Estos son perfiles detallados de sus clientes ideales. Las personas pueden incluir datos sobre motivaciones, puntos débiles y todo lo necesario para construir una narrativa de ventas eficaz. Las personas compradoras pueden guiar su comunicación de divulgación de ventas y mejorar sus posibilidades de éxito.

3.2 Elaboración de un argumento de venta potente

Su argumento de venta es un elemento crucial del proceso de venta saliente. Es la primera impresión de su empresa y puede influir en gran medida en que un cliente potencial se convierta en cliente.

En primer lugar, desea que su discurso transmita claramente una `propuesta de valor` . Esta declaración explica cómo su producto o servicio resuelve los problemas de los clientes, ofrece beneficios específicos y describe por qué deberían comprarle a usted y no a sus competidores.

A continuación, asegúrese de que su propuesta también esté segmentada y `personalizada` para cada cliente potencial o persona. Agrupar prospectos similares y adaptar el mensaje a cada grupo puede mejorar significativamente las tasas de respuesta y conversión.

El objetivo final de su propuesta debe ser iniciar una conversación con el cliente potencial. Anímelos a participar, hacer preguntas y compartir sus necesidades.

3.3 Dominar el arte de las llamadas en frío

Las llamadas en frío, aunque algunos las consideran anticuadas e intrusivas, aún pueden ser una táctica de ventas salientes eficaz cuando se hacen correctamente. Su objetivo no debe ser realizar una venta en la primera llamada, sino construir una relación con el cliente potencial.

Para tener éxito en las llamadas en frío, es necesario planificar y prepararse con antelación. Tener una comprensión clara del objetivo de la llamada y las necesidades del cliente potencial. Su tono de voz y vocabulario juegan un papel clave para mantener el profesionalismo de la llamada y generar confianza en el cliente potencial.

Asegúrese de manejar las objeciones de manera efectiva. Considere las objeciones como oportunidades y utilícelas para proporcionar más información, convenciendo así a los clientes potenciales sobre la propuesta de valor de su producto o servicio.

3.4 Utilizar el correo electrónico de forma eficaz

El correo electrónico es una herramienta vital en una estrategia de ventas salientes, ya que le permite llegar a los clientes potenciales directamente y a escala. Su objetivo con el correo electrónico debe ser despertar el interés de sus clientes potenciales y animarlos a responder.

Asegúrese de que su correo electrónico sea `claro y conciso` . Demasiada información puede resultar confusa y hacer que se pasen por alto puntos clave. Utilice el formato a su favor para que el correo electrónico sea fácil de escanear y absorber.

Los correos electrónicos también deben ser `personalizados` y `centrados en valores` para obtener los mejores resultados. Haga que el cliente potencial sienta que el correo electrónico fue creado específicamente para él y describa claramente los beneficios de su producto o servicios.

Los correos electrónicos a menudo no reciben respuesta, por lo que es importante realizar `un seguimiento` cuando sea necesario. Es posible que sean necesarios varios seguimientos antes de recibir una respuesta; sin embargo, tenga en cuenta no enviar spam a las personas con las que contacte.

3.5 Gestión y evaluación de sus esfuerzos de ventas salientes

Para garantizar la eficiencia y el éxito de su operación de ventas salientes, se deben implementar procesos de gestión y evaluación adecuados.

Implemente un `sistema CRM` para manejar sus datos de ventas. Este sistema puede contener información valiosa, como detalles de contacto del cliente potencial, el estado de su alcance y otra información relevante.

Realice un seguimiento y mida sus actividades de ventas, tome nota de lo que funciona y lo que no, y luego optimícelas en consecuencia. Las métricas importantes a monitorear incluyen la proporción de llamadas a acuerdos, tasas de respuesta de correo electrónico, tasa de conversión y tamaño promedio de los acuerdos.

No olvides la importancia del aprendizaje y desarrollo continuo . Asista a seminarios, talleres y capacitaciones para mantenerse actualizado con las últimas tendencias y técnicas en ventas salientes.

Cada una de estas tácticas y técnicas tiene sus propias sutilezas y matices. Dominar las ventas salientes significa comprender e implementar estas sutilezas de manera efectiva. Con el conocimiento, las herramientas y la actitud adecuados, puede transformar vidas y negocios a través de excelentes ventas salientes. Sea implacable en su búsqueda del éxito en las ventas y recuerde que cada esfuerzo que invierta lo acercará un paso más a convertirse en un maestro de las ventas salientes.

III.1. Comprender las señales de compra

Como profesional de ventas salientes eficaz, una de las primeras y más esenciales técnicas que debe dominar es la capacidad de identificar señales de compra de clientes potenciales. Estas señales le ayudan a reconocer cuándo un cliente potencial está listo para pasar de la consideración a la compra. Por lo tanto, comprender estos consejos puede mejorar significativamente sus tasas de conversión de ventas, transformando vidas y negocios.

III.2. Comunicación decidida y persuasiva

La comunicación es la clave para una venta exitosa, particularmente en las ventas salientes donde el contacto inicial suele ser una llamada en frío. El arte de la comunicación persuasiva gira en torno a presentar su producto o servicio de una manera que resuene con las necesidades y deseos del cliente y, en última instancia, impulsarlo hacia una decisión de compra positiva.

Utilice una comunicación decidida para lograr varios objetivos clave: captar la atención del cliente potencial, construir una relación, descubrir necesidades y, finalmente, cerrar la venta. Asegúrese de personalizar su discurso, para que parezca personalizado y menos un guión, lo que generará un mayor interés y compromiso del cliente.

III.3. Escucha activa

La escucha activa no se trata sólo de escuchar las palabras pronunciadas por sus clientes potenciales; se trata de comprender el mensaje detrás de esas palabras. No caiga en la trampa de planificar su respuesta mientras el cliente potencial todavía está hablando. En lugar de ello, interactúe con lo que se dice, mostrando interés y comprensión. Empatiza con sus puntos débiles y utiliza esta información para adaptar tu solución.

III.4. Venta de soluciones

En lugar de limitarse a promocionar su producto o servicio, los vendedores salientes exitosos venden soluciones. Identifican los problemas o puntos débiles que enfrentan las empresas y demuestran cómo su oferta única puede abordar estos problemas con precisión. La venta de soluciones fomenta relaciones más sólidas con los clientes, ya que demuestra que usted se preocupa por su negocio, no solo por el suyo.

III.5. Seguimientos consistentes

La persistencia, unida a la cortesía, es una herramienta
poderosa que puede convertir un "tal vez" vacilante en un
"sí". Un seguimiento es un amable recordatorio para sus
clientes potenciales de que usted está ahí para ayudarlos a
satisfacer sus necesidades. Les demuestra que eres
persistente y estás comprometido a ofrecer una solución.
Sin embargo, tenga cuidado de no exagerar en el
seguimiento y convertirse en una molestia para el cliente
potencial.

III.6. Manejando objeciones

Las objeciones son una parte inevitable del proceso de
ventas. Los vendedores excepcionales anticipan las
objeciones y están preparados para abordarlas con
evidencia, comprensión y paciencia. Recuerde, superar las
objeciones no se trata de ganar una discusión; se trata de
aclarar cualquier inquietud o malentendido a satisfacción del
cliente potencial.

III.7. Técnicas de cierre

Por último, pero no menos importante, está dominar el arte
de cerrar el trato. Una vez que haya hecho el trabajo de
identificar clientes potenciales, comunicarse de manera
efectiva, escuchar activamente, proponer su solución,
realizar un seguimiento constante y abordar las objeciones,
es hora de cerrar el trato.

Existen numerosas técnicas de cierre para elegir y la
correcta depende en gran medida de cada transacción
individual. Estos incluyen el cierre resumido, en el que se
resumen las características y beneficios acordados; el cierre

supuesto, donde usted asume que la venta está realizada y programa los siguientes pasos; y el cierre de urgencia, que anima a los prospectos a tomar una decisión al ilustrar lo que pueden perder si se retrasan.

Domine estas tácticas y técnicas de ventas y estará bien encaminado para lograr el dominio de las ventas salientes, transformando no solo su negocio sino también su vida personal a medida que crece y mejora con cada experiencia de aprendizaje.

3.1 Dominar el arte de la prospección

La prospección es el alma de las ventas. Es la actividad número uno que permite a los vendedores ganar nuevos clientes y cerrar más acuerdos. Comprender y perfeccionar esta táctica crucial de ventas salientes puede transformar radicalmente su negocio al optimizar su embudo de ventas.

Importancia de la Prospección

La prospección se refiere al proceso de buscar clientes potenciales que puedan estar interesados en su producto o servicio. Implica una variedad de actividades, que incluyen llamadas en frío, envío de correos electrónicos, asistir a ferias comerciales y aprovechar las redes sociales para identificar clientes potenciales.

Si bien la generación de leads suele asociarse con las ventas entrantes, en las ventas salientes la prospección es un proceso proactivo. En lugar de depender de los clientes potenciales entrantes y esperar a que los clientes lo encuentren, un enfoque saliente significa buscar deliberadamente clientes que puedan beneficiarse de lo que usted tiene para ofrecer.

Creación de un perfil de cliente potencial

La clave para una prospección eficaz es comprender quién es su cliente ideal. Este candidato, a menudo denominado su personaje comprador, es un perfil detallado de la persona que más se beneficiará de su producto o servicio. Al elaborar este perfil, considere factores como:

- Datos demográficos: ¿Cuál es su edad, sexo, nivel de ingresos y situación laboral?
- Industria: ¿En qué campo trabajan? ¿Cuál es su papel?
- Desafíos: ¿Qué problemas enfrentan y que su producto o servicio podría ayudar a resolver?

Una vez que tenga esta información, podrá utilizarla para guiar sus actividades de prospección, asegurándose de dirigirse a las personas adecuadas en el momento adecuado y con el mensaje correcto.

Prospección Multicanal

En el mundo digital actual, hay más formas que nunca de llegar a clientes potenciales. Adopte un enfoque multicanal de prospección para aumentar sus posibilidades de establecer una conexión con su público objetivo. Esto podría implicar:

- **Llamadas en frío:** a pesar de los numerosos avances tecnológicos, todavía hay lugar para esta forma tradicional de ventas salientes. La clave es adoptar un enfoque personalizado y personalizado que se centre en las necesidades del cliente potencial, no sólo en promocionar su producto.

- **Correos electrónicos:** con más de 4 mil millones de usuarios en todo el mundo, el correo electrónico sigue siendo una poderosa herramienta de divulgación para los vendedores. Solo asegúrese de personalizar su correspondencia y proporcionar contenido claro y basado en valores.
- **Venta social:** LinkedIn, Twitter, Facebook e Instagram ofrecen oportunidades únicas para que los vendedores se conecten con clientes potenciales. Recuerde abordar las redes sociales como una plataforma para construir relaciones, no solo ventas.
- **Eventos y ferias comerciales:** ofrecen la oportunidad de interactuar cara a cara con clientes potenciales. Puede proporcionar demostraciones, responder preguntas y establecer una conexión personal que a menudo puede conducir a una venta.

Seguimiento del éxito de la prospección

Los clientes potenciales entrantes tienden a estar más inclinados a comprar, lo que facilita la conversión. Con perspectivas salientes, el camino hacia la conversión puede ser más largo. Por lo tanto, es esencial realizar un seguimiento del progreso y medir el éxito.

Considere realizar un seguimiento de métricas como tasas de respuesta, tasas de conversión, ventas cerradas y el tiempo promedio que lleva convertir a un cliente potencial. Al vigilar de cerca estos puntos de datos, puede ajustar sus tácticas según sea necesario para mejorar el éxito de sus ventas salientes.

La prospección no es un acto de una sola vez. Es un proceso continuo con el que debes comprometerte para poder cosechar los beneficios. Con un conocimiento sólido del perfil de su cliente potencial, una estrategia de alcance multicanal y un sistema de seguimiento sólido, puede sobresalir en las ventas salientes y, a su vez, lograr una transformación empresarial rentable.

3.1 Comprender a sus clientes y sus necesidades

Uno de los aspectos más integrales del dominio de las ventas salientes es comprender a sus clientes y sus necesidades. Antes de llegar a sus clientes potenciales, es esencial comprender quiénes son, qué necesitan y cómo su producto puede satisfacer sus necesidades. Esta comprensión implica investigación de mercado, análisis de clientes y comunicación empática.

Investigación de mercado: este es el punto de partida de cualquier táctica de venta esencial. Implica recopilar y analizar información sobre su mercado objetivo, incluidos detalles sobre las necesidades, preferencias y motivaciones de los clientes potenciales. Una investigación de mercado exitosa proporciona información sobre lo que quieren los clientes, lo que guía su enfoque de ventas para que resuene con los compradores potenciales.

- **Investigación demográfica:** Esta forma de investigación se centra en comprender la edad, el sexo, los ingresos, el estilo de vida y el nivel educativo de sus clientes potenciales. Esta información es vital para adaptar sus mensajes en consecuencia. Por ejemplo, si su producto o servicio está dirigido a profesionales con altos ingresos, querrá utilizar un lenguaje y mensajes que resuenen en este grupo.
- **Investigación psicográfica:** Esta investigación trata de comprender la personalidad, los valores, las actitudes,

los intereses y los estilos de vida de su mercado. Este tipo de información hace que sus mensajes sean más personales y identificables.

- **Investigación del comportamiento:** Implica observar los comportamientos de su público objetivo, es decir, sus hábitos de compra, tasa de uso, lealtad, etc. Comprender dichos comportamientos ayuda a crear una estrategia de ventas.

Análisis del cliente: después de recopilar datos pertinentes sobre su mercado, es hora de profundizar más. El análisis de clientes se refiere a la evaluación de los datos de los clientes para identificar subconjuntos clave de sus clientes. Cada subconjunto posee características y necesidades únicas. Su objetivo debe ser comprender estas necesidades únicas y dar forma a su oferta en consecuencia.

- **Identifique los puntos débiles del cliente:** Estos son problemas específicos que están experimentando los clientes potenciales de su empresa. Los puntos débiles son diversos y varían según el cliente objetivo y la industria. Identificarlos ayuda a establecer su producto como una solución.
- **Identifique los objetivos del cliente:** El siguiente paso es comprender lo que sus clientes intentan lograr. Si comprende cuáles son los objetivos de sus clientes, puede explicar cómo su producto o servicio puede ayudarlos a alcanzar esos objetivos.
- **Comprenda el recorrido del comprador:** comprender dónde se encuentra su cliente en su recorrido de compra (es decir, en la etapa de conocimiento, consideración y decisión) le permite transmitir el mensaje correcto en el momento adecuado.

Comunicación empática: no importa qué tan bien comprenda a sus clientes, su dominio de las ventas salientes se quedará corto si no puede comunicarse de manera efectiva. La empatía es clave para establecer una buena relación y confianza con sus clientes potenciales. La comunicación empática no se trata sólo de "comprensión"; se trata de mostrar esa comprensión a sus clientes a través de sus comunicaciones.

- **Utilice la escucha activa:** Esto es clave para una comunicación empática. Reflejar lo que dicen los clientes y dejarles dirigir la conversación ayuda a establecer una buena relación.
- **Hable su idioma:** Utilice un lenguaje y una jerga que le resulte familiar a su cliente. Cuando su conversación refleja su comprensión, puede hacer que la conversación sea más cómoda para ellos.
- **Muestre consideración genuina:** Por último, exprese preocupación genuina y brinde soluciones a sus problemas. Demostrar que realmente te preocupas por su satisfacción puede dejar una impresión positiva duradera.

Dominar estas técnicas integrales para comprender a sus clientes y sus necesidades constituye la base de cualquier estrategia exitosa de ventas salientes. Un vendedor que comprende profundamente a sus clientes y se comunica con empatía es una fuerza formidable en el mundo de las ventas.

Capítulo 9: Aprovechar el poder de las llamadas en frío

A pesar del auge de las estrategias de ventas digitales, las llamadas en frío siguen desempeñando un papel vital en las ventas salientes. Entender esta tarea aparentemente desalentadora puede tener un impacto revolucionario en su desempeño de ventas. Este capítulo profundizará en el arte de las llamadas en frío y brindará estrategias para sobresalir en esta poderosa técnica de ventas.

Comprender el propósito de las llamadas en frío

Antes de profundizar en los detalles, es esencial comprender el objetivo fundamental de las llamadas en frío. En las ventas salientes, una llamada en frío no pretende cerrar una venta; en cambio, está diseñado para abrir un diálogo, establecer una buena relación y, finalmente, forjar una relación. Este puente puede servir más tarde como vía hacia oportunidades para realizar esa venta crítica.

Dominar el arte de las primeras impresiones

Las primeras impresiones importan, especialmente en llamadas en frío. Dado que es una oportunidad única para captar la atención del cliente potencial, su enfoque debe ser profesional, seguro y amigable. Una introducción concisa, clara y cautivadora es clave. Antes de la llamada, tómese el tiempo para elaborar una introducción que explique de manera concisa quién es usted, el motivo de su llamada y cómo el cliente potencial se beneficiará de la conversación.

La investigación es clave

Uno de los errores comunes al realizar llamadas en frío es sumergirse sin ninguna investigación previa sobre el cliente potencial. Antes de realizar una llamada, tómate unos minutos para conocer la empresa del cliente potencial, su modelo de negocio, sus desafíos y la industria en la que opera. Aproveche herramientas como Linkedin, sitios web de empresas e informes de la industria para recopilar información. Esta investigación previa a la llamada mejorará su credibilidad y demostrará que está realmente interesado en ayudar al cliente potencial, en lugar de simplemente realizar una venta.

La personalización es poderosa

Nadie quiere sentir que es un nombre más en una lista de llamadas en frío. Esfuércese siempre por mantener la conversación personalizada y relevante. Consulte al cliente potencial por su nombre, alinee los beneficios de su producto con sus puntos débiles específicos, hable sobre su industria y, si es posible, mencione una noticia reciente sobre su empresa. Este tipo de personalización muestra respeto por su tiempo y revela tu dedicación.

Utilice preguntas abiertas

En las ventas salientes, una conversación es mucho más beneficiosa que una presentación. Para navegar la conversación y mantenerla fluida, las preguntas abiertas son su mejor herramienta. Animan al cliente potencial a hablar sobre su negocio, objetivos y desafíos, brindándole una comprensión profunda de sus necesidades. Más importante aún, hace que el cliente potencial se sienta escuchado y valorado.

Superar las objeciones

En las llamadas en frío, los rechazos y las objeciones son parte integral del proceso. Pero recuerde, una objeción es sólo otra oportunidad para dilucidar el valor que su producto o servicio puede aportar. Esté preparado con respuestas a las objeciones comunes y trátelas siempre con positividad y paciencia.

El seguimiento es crucial

Incluso una fantástica llamada en frío puede no conducir a un resultado inmediato. Aquí es donde entran en juego los seguimientos. La persistencia, con un respeto equilibrado por el tiempo y el espacio del cliente potencial, a menudo vale la pena. Puede realizar un seguimiento por correo electrónico, mensajes de LinkedIn u otra llamada. Pero asegúrese de ofrecer valor en sus seguimientos, por ejemplo, compartiendo recursos útiles relacionados con la industria del cliente potencial o sus desafíos.

Estas estrategias no sólo le permitirán sobresalir en las llamadas en frío, sino que también le permitirán contribuir positivamente al éxito de sus clientes potenciales. Adopte el arte de las llamadas en frío con mente abierta, resiliencia y entusiasmo. Recuerde, no se trata sólo de ventas inmediatas, sino de construir una relación y valor a lo largo del tiempo. Es esta visión a largo plazo la que realmente mejorará su recorrido de ventas salientes.

Sección 4: Creación y gestión de un equipo de ventas exitoso

4.1: Reclutar y seleccionar el talento de ventas adecuado

Reclutar y seleccionar el talento de ventas adecuado es un componente esencial para crear y gestionar un equipo de ventas exitoso. Una mala contratación puede frenar el impulso del equipo y causar reveses, mientras que un empleado estrella puede aumentar enormemente la productividad y la moral del equipo. Este proceso comienza con la formación de una comprensión clara de cómo es su vendedor ideal.

Perfil de vendedor ideal

Antes incluso de pensar en hacer correr la voz sobre sus puestos de ventas abiertos, tómese el tiempo para imaginar a su candidato ideal. ¿Qué tipo de habilidades, calificaciones y rasgos de carácter estás buscando? Tenga en cuenta que, si bien el conocimiento y la experiencia son valiosos, atributos como la motivación, la resiliencia y la capacidad de escuchar y aprender rápidamente a veces pueden resultar más vitales.

Comercializar su puesto de ventas

Para atraer al talento de ventas adecuado, es igualmente importante promocionar el puesto con precisión. Delinee claramente las funciones y responsabilidades, los indicadores clave de desempeño, el paquete salarial y la cultura de la empresa para ayudar a los candidatos potenciales a evaluar si serían adecuados para su negocio. Además, resaltar las oportunidades de crecimiento que ofrece su empresa puede ser una excelente manera de atraer candidatos ambiciosos.

Selección y entrevista de candidatos

Cuando se reanude la evaluación, busque indicios de éxito previo en las ventas y consistencia en el empleo. Los candidatos que muestran voluntad de ascender y comprometerse con una empresa durante un período razonable suelen ser buenas apuestas. En las entrevistas, mire más allá de la capacidad del candidato para articular bien. Evalúe sus habilidades para resolver problemas, sus habilidades para escuchar, su resiliencia, su capacidad para manejar el rechazo y qué tan bien pueden establecer una buena relación. Los ejercicios de juego de roles pueden resultar útiles para evaluar dichos atributos.

Tomar la decisión de contratación

Verifique las referencias diligentemente. El comportamiento pasado suele ser un indicador fiable del desempeño futuro. Al tomar la decisión, considere su encaje cultural con su empresa junto con sus calificaciones y experiencia.

4.2: Capacitar y equipar a su equipo de ventas

Una vez que haya incorporado a las personas adecuadas, la siguiente fase es capacitarlas y equiparlas adecuadamente. Independientemente de la experiencia que tengan sus vendedores, necesitarán algo de capacitación e información sobre sus productos y su mercado.

Incorporación integral

Presente a sus nuevos empleados la misión, la visión, la cultura y los sistemas internos de su empresa. Describa sus KPI, objetivos de ventas e incentivos de desempeño.

Entrenamiento en curso

Las técnicas de venta, los entornos de mercado y los hábitos de los compradores cambian con el tiempo. Tener un programa de capacitación regular puede ayudar a actualizar las habilidades y conocimientos de su equipo y a reforzar su proceso de ventas.

4.3: Liderar y motivar a tu equipo de ventas

El éxito de un equipo de ventas no depende sólo del talento y las habilidades de los miembros del equipo, sino también de la calidad de su liderazgo.

Creando una cultura positiva

Una cultura de respeto, apertura, estímulo y competencia sana puede fomentar la motivación y el desempeño. Reconocer y recompensar el éxito para reforzar los comportamientos deseados.

Comunicación clara

Establezca expectativas claras, brinde retroalimentación periódica y sea transparente sobre los objetivos y el desempeño de la empresa. Apoye a su equipo abordando cualquier obstáculo que enfrente.

4.4: Monitoreo y evaluación del desempeño

Implemente sistemas para rastrear y analizar el desempeño de su equipo.

Indicadores clave de rendimiento

Establezca KPI claros para medir el desempeño tanto individual como del equipo. Los KPI pueden incluir volumen de ventas, ingresos, tasas de conversión y tamaño promedio de las transacciones.

Revisiones periódicas

Realizar revisiones periódicas de desempeño. Esto ayudará a identificar problemas desde el principio y abordarlos mediante asesoramiento o formación adicional.

Usando sistemas CRM

Los sistemas CRM pueden proporcionar datos valiosos para evaluar el desempeño, optimizar su proceso de ventas y pronosticar las ventas.

El proceso de creación y gestión de un equipo de ventas exitoso es, en esencia, un ciclo de reclutamiento, capacitación, motivación, evaluación y regreso al reclutamiento. Cada fase es una parte igualmente crítica del "motor" que impulsa a su equipo de ventas hacia el éxito.

Subsección 4.1: Cómo formar un equipo de ventas excepcional

La construcción de un equipo de ventas salientes exitoso comienza con la contratación de las personas adecuadas. Las tácticas de entrada no serán efectivas sin un equipo competente para ejecutarlas. Encuadre su búsqueda en torno a personas que no sólo tengan habilidades, sino que también tengan la actitud adecuada y aprovéchela para lograr sus objetivos comerciales.

4.1.1: Comenzar con el proceso de contratación

Una selección rigurosa ayuda a garantizar que los miembros del equipo reciban un trato justo durante el proceso de contratación. Independientemente de si está empleando a antiguos conocidos o a personas que buscan empleo por primera vez, los criterios deben ser consistentes. Esto le asegura que no dejará ningún detalle sin remover durante su búsqueda de representantes de ventas de calidad.

4.1.2: Inculque su filosofía empresarial en su equipo

Debe asegurarse de que su equipo comprenda e internalice la filosofía de la empresa para optimizar sus operaciones. Esta cohesión es vital para lograr los objetivos del equipo. Su equipo de ventas debe, por ejemplo, tener claro el producto o servicio que vende, quiénes son sus principales clientes y qué hace que la empresa sea única entre sus competidores.

4.1.3: Capacite a sus empleados

Brindar sesiones de capacitación periódicas a su equipo de ventas tiene enormes beneficios a largo plazo. La capacitación de rutina no solo ayuda a integrar nuevas tácticas y estrategias de ventas en el equipo, sino que también hace que su personal de ventas se sienta más valioso y apreciado, mejorando la moral y la satisfacción laboral.

4.1.4: Establecer objetivos de ventas claros y alcanzables

Debes establecer objetivos claros y alcanzables para los miembros de tu equipo. Comprender lo que se espera crea un ambiente de trabajo que fomenta la competencia y la eficiencia. Además, cuando los empleados cumplen los objetivos marcados, se sienten realizados y motivados.

4.1.5: Cultivar una cultura de ventas positiva

Cultivar una cultura de ventas positiva aumentará directamente el desempeño de su equipo de ventas. La cultura debe inspirar a los empleados a dar lo mejor de sí mismos, interactuar profesionalmente, respetarse unos a otros y contribuir al éxito del equipo. Las actividades de formación de equipos fuera del trabajo también pueden fomentar una relación sólida entre los miembros del equipo y mejorar la productividad.

4.1.6: Monitorear y evaluar el desempeño

El seguimiento del desempeño es esencial para identificar áreas que necesitan mejorar. Le brinda la oportunidad de recompensar a los empleados con mejor desempeño y motivar a los de bajo desempeño a mejorar. El uso de métricas mensurables le ayudará a evaluar a su equipo de forma justa y precisa.

4.1.7: Proporcionar comentarios constructivos

Finalmente, brindar comentarios constructivos ayuda a su equipo a saber cómo se están desempeñando y les brinda un camino claro hacia la mejora. Esto siempre debe comunicarse con prontitud y de una manera que los anime y motive.

Conclusión

Recuerde, dado que su equipo de ventas es literalmente dueño de la función de generación de ingresos de su empresa, no se puede enfatizar lo suficiente la importancia de reunir, nutrir y administrar un excelente equipo de ventas. Requiere paciencia, conocimiento y comprensión. Pero con un esfuerzo constante, usted puede formar un equipo de clase mundial que transformará su negocio significativamente.

4.1 Cultivar un entorno de ventas de alto rendimiento

Un equipo de ventas exitoso no surge por arte de magia. Es el resultado de un esfuerzo decidido y estratégico por parte de los líderes de ventas para crear un entorno que cultive un alto rendimiento. Para lograrlo, los líderes deben

comprender a cada miembro de su equipo, incluidas sus
fortalezas, debilidades y lo que los motiva.

Comprender a cada miembro del equipo

La primera clave para construir un equipo de ventas exitoso
es comprender a cada miembro del equipo. Este proceso
comienza durante la fase de contratación con entrevistas
exhaustivas y herramientas de investigación adecuadas,
como evaluaciones de personalidad. Pero la cosa no
termina ahí. Incluso después de incorporar a un vendedor,
las revisiones individuales, continuas de capacitación y de
desempeño son esenciales para medir su progreso y
potencial.

Recuerde que cada vendedor es único: posee diferentes
habilidades, niveles de experiencia y ética laboral. Como su
gerente, es su responsabilidad discernir sus capacidades y
colocarlas en un rol en el que puedan prosperar. Mientras
hace esto, concéntrese también en sus áreas de mejora y
bríndeles la capacitación y el asesoramiento necesarios.

Establecer expectativas claras

Comunicar las expectativas ayuda a los vendedores a
comprender mejor sus funciones. El liderazgo debe
establecer objetivos claros y mensurables para el equipo y
cada individuo. Los objetivos deben ser realistas pero
desafiantes, e impulsar a cada vendedor a mejorar
constantemente.

Fomentar el trabajo en equipo y la colaboración

Las "ventas" a menudo pueden asociarse con la
competencia, pero la realidad es que los mejores equipos de

ventas operan basándose en la colaboración y el trabajo en equipo. Fomentar una cultura en la que los miembros del equipo compartan ideas, conocimientos y estrategias. La organización de actividades de formación de equipos puede fomentar la camaradería entre los miembros del equipo. Además, reconocer y recompensar el comportamiento colaborativo alentará aún más al equipo a trabajar en conjunto.

Fomentar la mentalidad de crecimiento

Una mentalidad de crecimiento es clave para dominar las ventas salientes. Anime a los miembros de su equipo a considerar los desafíos como oportunidades para crecer. Asegúrese de que comprendan que fallar no es necesariamente algo malo, sino más bien una oportunidad para el aprendizaje y el desarrollo. Apóyelos para mejorar sus habilidades y conocimientos a través de retroalimentación, capacitación y estímulo constantes.

Implementación de un sistema sólido de recompensas y reconocimiento

Un equipo de ventas exitoso está altamente motivado. Una forma eficaz de promover la motivación es mediante un sólido sistema de recompensa y reconocimiento. Las comisiones son estándar en la industria de las ventas, pero piense más allá del dinero. Reconozca el trabajo duro y la dedicación, celebre las victorias y los hitos, y dé crédito a quien lo merece.

Aprovechando la tecnología

En la era digital actual, incorporar tecnología es inevitable si desea que su equipo de ventas prospere. Los sistemas de gestión de relaciones con el cliente (CRM), los análisis de ventas, las automatizaciones y las herramientas impulsadas por IA pueden optimizar sus operaciones de ventas, haciendo que su equipo sea más productivo y eficiente.

Aprendizaje y desarrollo continuo

El dominio de las ventas salientes es un viaje, no un destino. Los equipos de ventas más exitosos continúan aprendiendo, adaptándose y creciendo. Fomente una cultura de aprendizaje continuo y desarrollo profesional, ya sea a través de capacitación continua, talleres o exposición a eventos de la industria.

Al final del día, el éxito de su equipo de ventas depende de qué tan bien esté dirigido y gestionado. Como líder de ventas, debes moldear y dar forma continuamente a tu equipo, ayudándolos a desarrollar sus habilidades, aumentar su confianza y maximizar su potencial. Si puede hacer esto, cultivará un entorno de ventas de alto rendimiento que puede transformar vidas y negocios.

Construir y administrar un equipo de ventas exitoso puede ser una tarea desalentadora, pero con estrategias sólidas, dedicación y una visión clara, puede crear un equipo inmejorable que llevará a su organización a mayores alturas.

Subsección 4.1: Cultivar una cultura de ventas ganadora

La base de un equipo de ventas exitoso es una cultura de ventas sólida y empoderadora. Es esencial fomentar un ambiente positivo y lleno de energía que anime a los miembros del equipo a esforzarse por superar los objetivos y hacer una contribución significativa a los objetivos de la organización.

Creando una visión

Cultivar una cultura de ventas ganadora comienza con la creación de una visión convincente para su equipo. Su visión debe articular lo que pretende lograr y por qué es esencial. Además, debe ser lo suficientemente inspirador como para motivar a los miembros de su equipo a dar lo mejor de sí mismos todos los días.

Establecer metas y objetivos claros

Una vez que establezca una visión poderosa, es crucial establecer metas y objetivos claros. Cada miembro del equipo debe saber qué se espera de él y cómo se medirá su desempeño. Los objetivos deben ser INTELIGENTES: específicos, mensurables, alcanzables, relevantes y con plazos determinados.

Reconocer y recompensar el desempeño

Otro aspecto importante de una cultura de ventas productiva es el reconocimiento y la recompensa. Celebre las victorias, grandes o pequeñas, y procure reconocer los esfuerzos de los miembros de su equipo. Reconocer los logros y los esfuerzos es un poderoso motivador y puede aumentar significativamente la moral y la productividad.

Fomentar el aprendizaje continuo

El dominio de las ventas salientes requiere un aprendizaje y una adaptación constantes. Anime a los miembros de su equipo a aprender nuevas estrategias, técnicas y herramientas para mejorar su desempeño. Las sesiones periódicas de capacitación y desarrollo, talleres, seminarios y ejercicios de formación de equipos pueden ayudar en el desarrollo de habilidades.

La comunicación es clave

Una comunicación transparente, abierta y regular puede respaldar enormemente una cultura de ventas positiva. Aborde inquietudes, brinde comentarios y mantenga a su equipo actualizado sobre cualquier cambio o desarrollo.

Trabajo en equipo y colaboración

Promueva un sentido de unidad y cooperación dentro de su equipo. Fomentar la asistencia mutua y el intercambio de conocimientos. Esto no sólo mejorará el desempeño del equipo sino que también cultivará un sentido de pertenencia entre los miembros del equipo.

Subsección 4.2: Reclutamiento y retención de los mejores talentos

Un equipo de ventas exitoso está formado por personas talentosas, motivadas y competentes.

Atrayendo Talento

Puede atraer a los mejores talentos anunciando los beneficios y las oportunidades de crecimiento de un puesto. Describa la cultura del equipo, el equilibrio entre la vida personal y laboral y otras ventajas que pueden atraer candidatos potenciales.

Proceso de contratación

Durante el proceso de contratación, busque candidatos que no sólo tengan las habilidades de ventas adecuadas sino que también estén alineados con la cultura y los valores de su organización. Utilice entrevistas y evaluaciones basadas en competencias para evaluar sus habilidades y capacidades.

Proceso de integración

Un proceso de incorporación fluido puede aumentar significativamente la productividad de los nuevos empleados. Asegúrese de que los nuevos miembros del equipo comprendan sus funciones y responsabilidades, los objetivos del equipo, la dinámica de trabajo y el proceso de ventas general.

Retención

Retener a los mejores talentos puede ser un desafío importante. Para fomentar la retención, asegúrese de que los miembros de su equipo se sientan valorados, reconocidos y recompensados por sus esfuerzos. Brinde oportunidades de crecimiento, aprendizaje continuo e iniciativas de desarrollo, y mantenga un feliz equilibrio entre el trabajo y la vida personal.

Subsección 4.3: Planificación Estratégica de Ventas

La planificación estratégica de ventas implica establecer objetivos, segmentar clientes, identificar mercados potenciales y planificar las tácticas para alcanzar esos objetivos.

Desarrollar un plan de ventas

Un plan de ventas describe las estrategias y tácticas específicas que su equipo implementará para alcanzar los objetivos de ventas. El plan de ventas debe alinearse con el plan estratégico más amplio de su organización.

Implementando el plan

La fase de implementación implica comunicar el plan a su equipo, asignar roles y revisar y ajustar constantemente el plan según sea necesario. Las reuniones periódicas del equipo pueden ayudar a mantener a todos enfocados y encaminados.

Subsección 4.4: Seguimiento y optimización del desempeño de ventas

Un gran líder de ventas vigila de cerca el desempeño de su equipo y busca continuamente formas de mejorar.

Análisis de rendimiento

Utilice herramientas CRM y otro software de análisis para monitorear el desempeño de las ventas. Verifique el progreso del proceso, realice un seguimiento del cumplimiento de la cuota y observe otras métricas de ventas relevantes.

Comentarios regulares

Proporcione comentarios periódicos a los miembros de su equipo. Celebre los logros, brinde comentarios constructivos y analice áreas de mejora.

Entrenamiento de ventas

El coaching de ventas puede mejorar significativamente el rendimiento de su equipo. Identifique áreas en las que los miembros del equipo tienen dificultades y brinde capacitación personalizada para abordar esos problemas. Anime a los miembros del equipo a aprender unos de otros y compartir las mejores prácticas.

Aprovechar el dominio de las ventas salientes es un viaje continuo. Aprender constantemente, adaptarse a los cambios y esforzarse por mejorar son claves para construir y gestionar un equipo de ventas exitoso. Establezca altos estándares, inspire a su equipo a alcanzar esos estándares y cree un entorno propicio para el éxito.

Subsección 4.1: Principios de una gestión eficaz del equipo de ventas

Para lograr el dominio de las ventas salientes, es imperativo establecer un equipo de ventas hábil. Antes de aprender a gestionar un equipo de ventas exitoso, es necesario comprender los principios de una gestión eficaz de un equipo de ventas. Dominar estos principios lo ayudará a superar varios desafíos que pueden surgir en el proceso de ventas y permitirá que su equipo alcance su potencial.

4.1.1 Establecer objetivos claros

Describe claramente los objetivos de ventas que tu equipo debe lograr. Estos podrían ser objetivos diarios, semanales, mensuales o anuales. Una alta claridad en los objetivos no sólo ayudará a los miembros de su equipo a alinear sus esfuerzos, sino que también les permitirá visualizar su progreso. Asegúrese de que estos objetivos sean INTELIGENTES: específicos, mensurables, alcanzables, relevantes y con plazos determinados.

4.1.2 Creación de un entorno colaborativo

Cada miembro del equipo aporta un conjunto único de habilidades y experiencias. Un entorno colaborativo ayuda a fomentar estas habilidades, facilitar el aprendizaje y promover la resolución colectiva de problemas. Utilice diferentes herramientas de comunicación y colaboración para fomentar este entorno.

4.1.3 Capacitación y desarrollo regulares

El panorama de las ventas salientes está en constante evolución: nuevas tecnologías, expectativas cambiantes de los clientes y un entorno cada vez más competitivo. Al capacitar periódicamente a su equipo sobre nuevas técnicas de ventas, herramientas y tendencias del mercado, les permitirá mantenerse a la vanguardia.

4.1.4 Aprovechamiento de la tecnología de ventas

Invertir en herramientas y tecnología de ventas facilita la automatización de tareas repetitivas, reduce los errores y mejora la productividad. Ahorra tiempo y esfuerzo que luego puede destinarse a elaborar estrategias y fomentar las relaciones con los clientes.

4.1.5 Proporcionar comentarios constructivos

La retroalimentación es crucial para mejorar. Asegúrese de que su equipo reciba con frecuencia comentarios constructivos para identificar áreas de mejora. Celebre sus victorias, por pequeñas que sean, y guíelos pacientemente a través de sus errores.

4.1.6 Monitoreo y ajuste de estrategias de ventas

Las estrategias de ventas salientes deben revisarse y ajustarse en función del desempeño en tiempo real. Utilizando métricas y análisis de ventas, identifique patrones y comportamientos de ventas. Esto le ayudará a modificar su estrategia para alcanzar sus objetivos de ventas.

4.1.7 Construyendo una cultura de confianza y respeto

Si bien el desempeño es importante, también lo es la moralidad. Una cultura de confianza y respeto fomenta la positividad y motiva a los miembros del equipo a dar lo mejor de sí. Fomente debates abiertos y haga que su equipo se sienta escuchado y valorado.

En las secciones siguientes, aprenderá cómo aplicar estos principios a aspectos específicos de la gestión del equipo de ventas, como contratar el talento adecuado, desarrollar una cultura de ventas sólida, aprovechar la tecnología de ventas y realizar capacitación en ventas periódica. Al hacerlo, podrá transformar su equipo de ventas en una máquina bien engrasada, lo que generará un aumento sustancial en el rendimiento de las ventas salientes e, inevitablemente, transformará vidas y negocios.

Sección 5: Aprovechar el poder de las herramientas digitales en las ventas

Subsección 5.1: Adoptar sistemas de gestión de relaciones con los clientes (CRM) en las ventas salientes

A medida que evolucionan las ventas salientes, las herramientas digitales se vuelven cada vez más fundamentales para dominar los procesos y obtener una ventaja competitiva. Las herramientas no sólo agilizan las operaciones de ventas sino que también transforman los resultados. Una de las herramientas digitales clave es el sistema de gestión de relaciones con el cliente (CRM), un componente tecnológico integral en el ámbito de las ventas actual.

Comprender los sistemas CRM

Un sistema CRM es esencialmente un tipo de software diseñado para gestionar las interacciones de su empresa con los clientes actuales y potenciales. Al utilizar el análisis de datos sobre el historial de un cliente con su empresa, puede mejorar las relaciones comerciales con los clientes, centrándose en la retención de clientes e impulsando el crecimiento de las ventas. Pocos sistemas CRM ofrecen siquiera automatización de tareas repetitivas, lo que permite a los representantes de ventas centrarse en aspectos más críticos del proceso de ventas.

Elementos clave de los sistemas CRM

Los sistemas CRM están equipados con varios elementos vitales que facilitan las ventas salientes eficientes.

- **Gestión de contactos:** los sistemas CRM almacenan detalles esenciales sobre prospectos y clientes, como detalles de contacto, historial de interacciones y registros de transacciones. La fácil accesibilidad a información tan vital simplifica significativamente los procesos de seguimiento y priorización de clientes potenciales.
- **Gestión de tareas:** ayuda a los vendedores a realizar un seguimiento de las tareas de ventas vitales, los plazos y el progreso, garantizando que no se pierdan ningún hito o seguimiento crucial en el ciclo de ventas.
- **Informes y análisis:** los sistemas CRM ofrecen información basada en datos sobre el desempeño de las ventas, el comportamiento del cliente y las tendencias del mercado. Estos conocimientos ayudan a formular estrategias y decisiones de ventas salientes eficaces.
- **Integración de redes sociales:** muchos sistemas CRM vienen con una función integrada que se conecta a plataformas de redes sociales, brindando a los representantes de ventas una visión integral del

comportamiento y los intereses en línea de sus clientes potenciales.

- **Automatización de ventas:** las herramientas de CRM pueden automatizar tareas administrativas que a menudo consumen tiempo innecesario, lo que permite a los vendedores dedicar más tiempo a tareas que generan ingresos.

Cómo el CRM beneficia las ventas salientes

No se pueden subestimar los beneficios de CRM en las ventas salientes. Ofrece varias ventajas que realmente pueden transformar el proceso de ventas de una organización.

- **Relaciones con el cliente mejoradas:** los sistemas CRM facilitan las interacciones personalizadas al proporcionar el historial y las preferencias detalladas del cliente. Esta comunicación personalizada puede mejorar significativamente la experiencia y satisfacción del cliente.
- **Mayor productividad de ventas:** la automatización de las tareas administrativas y el fácil acceso a información vital del cliente ahorran tiempo a los representantes de ventas, lo que conduce a una mayor productividad de ventas.
- **Mejor toma de decisiones:** los conocimientos basados en datos proporcionados por los sistemas CRM ayudan a tomar decisiones de ventas informadas, lo que reduce los riesgos y aumenta las posibilidades de éxito.
- **Colaboración en equipo mejorada:** los datos compartidos de los clientes y las funciones de gestión de tareas mejoran la colaboración entre los miembros del equipo de ventas, lo que conduce a mejores resultados.

- **Mayores ingresos:** los sistemas CRM permiten a los equipos de ventas buscar los clientes potenciales y las oportunidades adecuados, lo que genera más conversiones y mayores ingresos.

En conclusión, la vida de un vendedor se puede hacer mucho más fácil aprovechando el poder de los sistemas CRM. Un sistema CRM bien utilizado no sólo aumenta la productividad de las ventas sino que también mejora la satisfacción del cliente, allanando el camino para una relación duradera. Implementar con éxito sistemas CRM en su estrategia de ventas salientes no es una opción, sino un paso esencial en la era digital actual.

Subsección 5.1: Uso eficiente de los sistemas de gestión de relaciones con el cliente (CRM) en la estrategia de ventas salientes

En el panorama de ventas moderno, donde la personalización y el marketing relacional están en el centro del escenario, las herramientas de gestión de relaciones con el cliente (CRM) se han transformado en una parte esencial de toda estrategia empresarial exitosa. Estas herramientas digitales ayudan a las empresas a rastrear, administrar y analizar todas las interacciones y datos de sus clientes, garantizando que estas interacciones sean lo más efectivas posible.

Entendiendo el CRM

Un sistema CRM es un software que centraliza, simplifica, asegura y escala la participación del cliente. Desde la gestión de la información de contacto y las oportunidades de ventas hasta el seguimiento y la generación de informes continuos, integra todos estos puntos de contacto en una visión única pero cohesiva del cliente, proporcionando así una ayuda crucial para fomentar relaciones a largo plazo con los clientes.

Las herramientas de CRM no se tratan estrictamente de ventas, sino de poner a sus clientes en primer lugar, modificando enormemente el pronóstico de ventas en el proceso. Esencialmente, CRM gira en torno a un concepto que está inextricablemente conectado con el esfuerzo de ventas salientes: crear valor para el cliente y aumentar su satisfacción general. Esto, a su vez, aumenta las ventas, la rentabilidad y la retención de clientes.

Aprovechando CRM para resultados de ventas

Las herramientas de transformación digital y CRM han tenido un impacto dramático en las estrategias de ventas salientes, provocando un cambio hacia procesos más inteligentes, organizados, eficientes y efectivos que pueden gestionar acuerdos complejos y ciclos de ventas largos. Así es como estos sistemas desempeñan un papel integral:

- **Gestión de la información:** los sistemas CRM permiten a las empresas reunir, en un solo lugar, todos los datos asociados con los clientes. Los perfiles de los clientes incluyen información de contacto, historial de interacción, actividad en las redes sociales y, a menudo, incluso información sobre el comportamiento y los hábitos del cliente, lo que permite a los representantes de ventas ofrecer experiencias personalizadas.
- **Automatización de la fuerza de ventas (SFA):** el software CRM automatiza tareas de ventas como el

procesamiento de pedidos, la gestión de contactos, el intercambio de información, el seguimiento de pedidos, el seguimiento de inventario, la previsión de ventas y la evaluación del desempeño. Esto reduce el trabajo manual añadiendo eficiencia al proceso.

* **Gestión del pipeline:** el software CRM permite el seguimiento del pipeline de ventas. Los representantes de ventas pueden gestionar las etapas del proceso de ventas para cada venta potencial, identificar cuellos de botella y comprender mejor el embudo de ventas. Esto conduce a conversiones y pronósticos optimizados.
* **Comunicación:** el sistema CRM puede ayudar a las empresas a mejorar su comunicación con los clientes y prospectos, ya que los representantes pueden seleccionar y segregar clientes sin esfuerzo de acuerdo con criterios específicos y, por lo tanto, pueden interactuar con ellos en consecuencia. También pueden realizar un seguimiento del historial de comunicaciones para brindar un mejor servicio a los clientes.

Seleccionar una herramienta CRM

Al seleccionar una herramienta de CRM, es fundamental considerar las necesidades, el tamaño, los objetivos y la industria de su negocio. Algunos sistemas CRM populares ampliamente utilizados en la actualidad incluyen Salesforce, Microsoft Dynamics, HubSpot y Zoho CRM.

El poder de la herramienta CRM es escalable, es decir, posee la capacidad de crecer con su organización, garantizando longevidad y rentabilidad. Cuando se implementa correctamente, un buen sistema CRM le ofrecerá una visión clara de sus clientes. Puede ver todo, desde productos/servicios preferidos hasta cualquier problema pendiente de servicio al cliente y reaccionar en consecuencia.

Como estratega de ventas salientes, al transformar su negocio a través de herramientas digitales como CRM, se trata de comprender a sus clientes, comprender sus necesidades y responder de manera efectiva y eficiente. El ámbito digital ha puesto a los clientes en control del proceso de compra. Aprovechar herramientas como CRM permite a las empresas encontrarse con los clientes donde estén, lo que los distingue en un mercado abarrotado.

Con la implementación adecuada y el uso eficiente de CRM, puede maximizar sus ventas salientes, mejorar la satisfacción del cliente y marcar así un paso más en el dominio de las ventas salientes. Recuerde, no se trata sólo de cerrar el próximo trato; en última instancia, se trata de construir una asociación potencial a largo plazo con sus clientes.

5.1 Aprovechar CRM para mejorar el rendimiento de ventas

Uno de los elementos más cruciales en los entornos de ventas digitales actuales es la gestión de relaciones con el cliente (CRM). Los sistemas CRM forman el núcleo del manejo diligente de la información, la participación específica del cliente y la toma de decisiones estratégicas.

Comprender CRM y sus ventajas

Un software CRM ayuda a una empresa a gestionar las relaciones e interacciones con clientes potenciales, actuales y anteriores. Es una herramienta digital transformadora para las ventas salientes, diseñada para mejorar la rentabilidad y al mismo tiempo garantizar la satisfacción del cliente.

Estos son los principales beneficios de utilizar un sistema CRM en sus esfuerzos de ventas:

1. Información organizada

Los sistemas CRM brindan una vista organizada y completa de los detalles y el historial del cliente. El software recopila y clasifica datos esenciales, como contactos de clientes, historiales de compras, preferencias e incluso comentarios. Esta accesibilidad a la información ayuda a los vendedores a comprender mejor al cliente, lo que lleva a tácticas de ventas más personalizadas.

2. Comunicación simplificada

En lugar de ahogarse en un mar de correos electrónicos, llamadas, notas y reuniones, los vendedores pueden optimizar su comunicación a través del sistema CRM. El software registra cada interacción con el cliente, lo que garantiza que no se pierda información importante y permite que cada miembro del equipo se mantenga actualizado sobre las interacciones con el cliente.

3. Servicio al cliente mejorado

Resolver rápidamente preguntas y quejas es crucial para mantener la satisfacción del cliente. Con un sistema CRM, cada pregunta, discusión, compra o solicitud de servicio queda documentada. Este conocimiento empodera al equipo de ventas, permitiéndoles brindar respuestas rápidas y precisas a las consultas y quejas de los clientes.

4. Eficiencia y productividad

Al automatizar las tareas rutinarias, CRM libera tiempo de los vendedores, permitiéndoles concentrarse más en vender. La plataforma puede recibir clientes potenciales calificados, programar seguimientos y enviar recordatorios, lo que hace que el proceso de ventas sea más manejable.

5. Análisis relacionados

Los sistemas CRM funcionalmente ricos vienen con análisis que pueden ayudar a los vendedores a tomar decisiones basadas en datos. A través de información detallada y pronósticos, los equipos de ventas pueden comprender y adaptar mejor sus estrategias de ventas.

Seleccionar el CRM adecuado

La elección de CRM depende en gran medida de los requisitos, objetivos y presupuesto únicos de una empresa. Sin embargo, una solución CRM versátil debería tener al menos lo siguiente:

1. Facilidad de uso

El sistema debe ser fácil de usar, con una interfaz limpia y una navegación intuitiva.

2. Flexibilidad

El CRM debe ser personalizable para alinearse perfectamente con el flujo de trabajo y los procesos de su empresa.

3. Accesibilidad móvil

Debe ofrecer acceso móvil, permitiendo al equipo de ventas operar desde cualquier lugar y en cualquier momento.

4. Capacidades de integración

El CRM debería integrarse fácilmente con otro software existente, como servicios de correo electrónico, plataformas de redes sociales o herramientas de análisis.

5. Atención al cliente confiable

Una buena solución CRM contará con un soporte al cliente confiable para abordar cualquier problema técnico o consulta de manera rápida y eficiente.

En la era digital, implementar un sistema CRM ya no es un lujo sino una necesidad para cualquier equipo de ventas saliente. Estos sistemas facilitan una mejor comunicación, mejoran la eficiencia operativa y ayudan a los equipos de ventas a construir relaciones más sólidas con sus clientes. Sin embargo, recuerda elegir el CRM que mejor se alinee con tu modelo de negocio y objetivos, así como capacitar a tu equipo para su uso eficiente. Al final, una herramienta sólo resulta eficaz cuando se utiliza correctamente.

Subsección 5.1: Utilización de sistemas de gestión de relaciones con los clientes (CRM) para optimizar las ventas salientes

En un entorno de ventas moderno, las herramientas digitales no son sólo una adición elegante; son cruciales para su éxito. Una de las herramientas digitales clave en las ventas salientes es un sistema de gestión de relaciones con el cliente (CRM). Esta poderosa plataforma es la columna vertebral de su proceso de ventas y ofrece beneficios incomparables en seguimiento de clientes, gestión de relaciones y optimización de ventas.

¿Qué es un sistema CRM?

Un sistema CRM es más que una simple libreta de direcciones. Básicamente, el CRM está diseñado para ayudarlo a administrar todos los datos de sus clientes, las interacciones y otras actividades de ventas esenciales. Es una herramienta digital sofisticada que le permite realizar un seguimiento de los clientes potenciales, los clientes potenciales, los clientes existentes y todos los datos asociados con ellos. Esto incluye antecedentes de clientes, información de contacto, interacciones pasadas, etc.

¿Por qué utilizar un CRM en ventas salientes?

Se podría pensar que tener un registro físico de los datos de los clientes es suficiente. Sin embargo, existen varias razones por las que abandonar los métodos antiguos por un sistema CRM puede revolucionar sus esfuerzos de ventas salientes.

Accesibilidad y organización

Los sistemas CRM permiten un fácil acceso y organización de los datos de los clientes, lo que puede darle a su equipo una ventaja competitiva. Ser capaz de buscar y encontrar información de los clientes rápidamente puede mejorar significativamente la productividad, reduciendo así los ciclos de ventas y, en última instancia, aumentando los ingresos.

Comunicación efectiva

Los sistemas CRM permiten una comunicación efectiva. Por ejemplo, en lugar de llevar una carpeta física con la información de los clientes potenciales o guardarlos en hojas de cálculo, los sistemas CRM permiten una mayor flexibilidad. Todos los detalles sobre un cliente potencial o las oportunidades se mantienen actualizados en tiempo real, lo que garantiza que todos los miembros del equipo estén en sintonía, fomentando la colaboración y la eficiencia.

Mejor seguimiento

Los sistemas CRM ofrecen capacidades de seguimiento estelares, lo que le permite seguir el recorrido del comprador desde el cliente potencial hasta el cliente. Desde el seguimiento del número de interacciones hasta la comprensión de las tasas de conversión, las herramientas de CRM facilitan el proceso de estar atento a los indicadores clave de rendimiento (KPI). De esa manera, podrá evaluar la efectividad de su estrategia de ventas en tiempo real y realizar los cambios necesarios.

Gestión mejorada de las relaciones con los clientes

Los sistemas CRM le permiten personalizar su estrategia de divulgación, lo que puede mejorar significativamente la experiencia del cliente. Con registros detallados de interacciones pasadas, preferencias y puntos débiles, los representantes de ventas pueden adaptar su enfoque en consecuencia. Esto puede conducir a una mayor satisfacción del cliente, mayores ventas y más negocios repetidos.

Sistemas CRM y tendencias futuras

A medida que nos adentramos en la era digital, los sistemas CRM seguirán evolucionando y estarán más interconectados con otras herramientas digitales. Por ejemplo, integrar CRM con software de marketing por correo electrónico para facilitar los correos electrónicos automatizados o con software de análisis predictivo para pronosticar tendencias de ventas. Aquellos que se unan temprano y aprendan a utilizar estas herramientas de manera efectiva tendrán una ventaja significativa en sus esfuerzos de ventas salientes.

Conclusiones clave

En conclusión, integrar un sistema CRM en su proceso de ventas salientes no se trata sólo de mantenerse actualizado con la última tecnología. Se trata de optimizar su proceso de ventas, mejorar la productividad de su equipo y revolucionar su enfoque hacia el cliente. Recuerde, el objetivo de cualquier buen proceso de ventas es poner al cliente en primer lugar y, con los sistemas CRM, esto se convierte en un objetivo alcanzable.

En la siguiente subsección, hablaremos sobre "Aprovechar las plataformas de redes sociales para las ventas salientes". Esto implicará comprender las diversas funcionalidades y el potencial de varias plataformas de redes sociales para descubrir clientes potenciales fructíferos.

Capítulo 5.1: Aprovechamiento de las herramientas de gestión de relaciones con los clientes (CRM)

En el panorama digital en rápida evolución, dominar las ventas ya no se limita a hablar con fluidez o tener una habilidad especial para la persuasión. Hoy en día, los vendedores exitosos también necesitan necesariamente dominar las herramientas digitales, en particular las herramientas de gestión de relaciones con el cliente (CRM), que pueden empoderarlos en todo el proceso de ventas. En este capítulo, analizaremos cómo las herramientas CRM brindan una ventaja en las ventas salientes y por qué son esenciales para el dominio de las ventas.

5.1.1: Comprender el CRM

Las herramientas CRM son sistemas de software desarrollados para gestionar todas las relaciones e interacciones de su empresa con clientes actuales y potenciales. Pueden ser un almacén de información crucial sobre sus clientes, incluidos sus datos de contacto, historial de comunicaciones, preferencias, compras anteriores y más. Este conocimiento puede brindarle una descripción general completa de sus clientes, lo que le permitirá fomentar relaciones, identificar oportunidades de ventas, optimizar procesos y mejorar la rentabilidad.

5.1.2: Alcance escalable con CRM

A medida que aumentan sus clientes potenciales, necesita un sistema que supervise y organice digitalmente todas las interacciones con los clientes en un solo lugar. El software CRM permite a los vendedores gestionar miles de contactos sin comprometer el enfoque personalizado para cada cliente potencial. Un CRM le permite segmentar clientes potenciales en función de varios factores, como el estado del cliente potencial, la ubicación, la industria e incluso las preferencias. Esto ayuda a diseñar estrategias de divulgación personalizadas que tienden a tener una mayor tasa de éxito.

5.1.3 Automatización de tareas con CRM

Entrada manual de datos, recordatorios de seguimiento, programación de reuniones, grabación de comunicaciones, actualización de estados: estas tareas aparentemente mundanas pueden consumir una cantidad considerable del día de un vendedor. Las herramientas de CRM vienen equipadas con funciones que pueden automatizar estas tareas, dejándote más tiempo para interactuar con los clientes.

5.1.4: CRM como tesoro de análisis

Las herramientas de CRM recopilan automáticamente datos de numerosos puntos de contacto a lo largo del recorrido del cliente y los almacenan listos para su uso. Estos datos son un tesoro que puede arrojar luz sobre el comportamiento de los clientes, las tendencias del mercado, el desempeño de las ventas y más. A través del análisis de CRM, puede descubrir información sobre cuándo es mejor contactar a un cliente, qué técnicas de marketing funcionan mejor para diferentes segmentos o qué productos o servicios están funcionando bien.

5.1.5: Superar las expectativas del cliente con CRM

Con actualizaciones sobre las interacciones con los clientes en tiempo real, CRM garantiza que usted nunca estará al tanto de lo que sucede con sus clientes. Este conocimiento ayuda a brindar respuestas rápidas y relevantes a las consultas y quejas de los clientes, mejorando así la experiencia del cliente. Además, al atraer a los clientes justo cuando están listos, puede aprovechar las oportunidades de ventas y aumentar las conversiones.

5.1.6: Colaboración en equipos a través de CRM

Las ventas rara vez son un espectáculo de una sola persona. El cierre exitoso a menudo implica esfuerzos coordinados de diferentes equipos: ventas, marketing, técnico, servicio al cliente, etc. Al brindar acceso a los datos del cliente en una plataforma unificada, los sistemas CRM mejoran la colaboración interdepartamental, alineando a todos hacia el objetivo común de ganarse al cliente.

A medida que el mundo de las ventas continúa expandiéndose hacia el ámbito digital, dominar herramientas como un sistema CRM puede brindarle una ventaja inigualable. Es una inversión que puede facilitar interacciones optimizadas con los clientes, mantenerlo informado, ahorrar tiempo y agilizar los esfuerzos. En los próximos capítulos, profundizaremos en otras herramientas digitales que prometen revolucionar la forma en que funcionan las ventas salientes.

Sección 6: Habilidades de comunicación y negociación efectivas

Subsección 6.1: Comprender el poder de la escucha activa

Cuando hablamos de comunicación, a menudo pensamos en ella en términos de articular nuestros pensamientos, ideas, persuasiones, proposiciones y habilidades de venta. Sin embargo, la mitad del proceso de comunicación que a menudo se pasa por alto y se subestima es la escucha· escucha activa para ser precisos. En el ámbito de las ventas salientes, comprender y dominar las habilidades de escucha activa puede mejorar su capacidad para comprender las necesidades de sus clientes potenciales, generar confianza y fomentar relaciones duraderas que no solo culminan en una venta exitosa, sino que abren vías para futuros negocios. también.

¿Por qué es importante la escucha activa?

En el fragor de realizar una venta, la tentación de dominar la conversación a menudo puede resultar abrumadora. Después de todo, cuanto más convincentemente hables sobre el producto o servicio que vendes, mayores serán tus posibilidades de realizar una venta, ¿verdad? No exactamente. La realidad es que las conversaciones de ventas siempre deben ser de doble sentido. Sus clientes potenciales quieren sentirse escuchados, comprendidos y valorados, y ahí es donde entra en juego la escucha activa.

La escucha activa implica no sólo escuchar las palabras que dice otra persona sino, más importante aún, comprender e interpretar el mensaje completo que se envía. Cuando escucha activamente, empatiza con sus clientes potenciales, valida sus inquietudes, busca claridad y se abstiene de planificar su respuesta o refutación. En consecuencia, se crea un espacio de conversación seguro que permite intercambios honestos y negociaciones efectivas.

El papel de la escucha activa en la negociación

Ahora, profundicemos en cómo la escucha activa juega un papel directo en la negociación. Cada venta implica cierto grado de negociación: ¿puede ofrecer un mejor precio? ¿La calidad de su producto es superior? ¿Se pueden entregar sus servicios más rápido? Éstas son las preguntas que pueden tener los clientes.

La negociación puede ser un punto decisivo en una venta. Recuerde que la discordia es común en las negociaciones y, a menudo, no se trata de quién habla más alto, sino de quién escucha más. A través de la escucha activa, invitas a la apertura. Podrás obtener información sobre lo que el cliente realmente necesita o qué problema está tratando de resolver. La comprensión profunda genera empatía, y la empatía tiene una forma mágica de suavizar las posturas duras. Cuando sus clientes se sienten comprendidos, es más probable que se comprometan, lo que lleva a acuerdos mutuamente beneficiosos.

Cómo mejorar sus habilidades de escucha activa

La escucha activa no es un rasgo con el que nacemos; es una habilidad. Y como habilidad, se puede desarrollar y mejorar. A continuación se muestran algunas técnicas que puede utilizar:

- **Preste toda su atención** : a menudo estamos sutil o inconscientemente preocupados: planificando el próximo lanzamiento, pensando en una llamada anterior o tal vez distraídos por el entorno. Deja de lado estas distracciones. Esté presente en la conversación por completo, tanto mental como físicamente.
- **Valide sentimientos e inquietudes** : demuestre a sus clientes potenciales que reconoce sus sentimientos. Podría decir: "Entiendo que esté

preocupado por...". La validación fomenta un diálogo más abierto.

- **Haga preguntas que inviten a la reflexión** : en lugar de responder directamente a la inquietud de un cliente, intente profundizar más haciendo preguntas. Por ejemplo, si un cliente menciona que su producto le parece caro, en lugar de justificar el precio de inmediato, podría preguntar: "¿Podría explicar más detalladamente qué características cree que no justifican el costo?". De esta manera, comprenderá mejor la percepción de valor de su cliente.
- **Verifique la comprensión** : reitere, parafrasee o resuma los puntos principales del mensaje de su cliente potencial para asegurarse de haber entendido correctamente. Esto no sólo mantiene a raya los problemas de comunicación, sino que también les comunica a sus clientes potenciales que ha estado escuchando atentamente.

El arte de la comunicación está cargado de sutilezas. En la búsqueda por conquistar el mundo de las ventas, recuerde siempre lo que dijo una vez Stephen R. Covey, un renombrado autor de autoayuda: "La mayoría de las personas no escuchan con la intención de comprender; escuchan con la intención de responder". Rompe el molde convencional y practica la escucha activa para descubrir una influencia transformadora en tus esfuerzos de ventas salientes.

Capítulo 6.1: El arte de la escucha activa: dominar las comunicaciones en las ventas salientes

Uno de los componentes clave del éxito de las ventas salientes es la escucha activa. Ser un oyente activo significa concentrarse plenamente, comprender, responder y luego recordar lo que se dice. Significa priorizar las necesidades, deseos e inquietudes de tu cliente sobre el guión que has preparado.

Comprender la escucha activa

Para dominar la escucha activa, es fundamental comprender primero lo que significa. La escucha activa no se trata simplemente de escuchar palabras; Implica decodificar el mensaje codificado en palabras. Se trata de captar señales verbales y no verbales para comprender las emociones, necesidades y preocupaciones del hablante (en este caso, del cliente).

Papel de la escucha activa en las ventas

La escucha activa constituye la base de una comunicación eficaz en ventas. Es a través de la escucha activa que puedes crear soluciones personalizadas para tus clientes, construir relaciones y cerrar ventas de manera más efectiva. Te permite:

1. Comprender las necesidades de los clientes
2. Reconocer sus señales de compra
3. Atender sus objeciones
4. Proporcionar soluciones personalizadas
5. Generar confianza y simpatía

Técnicas para la escucha activa

A continuación se presentan algunas técnicas prácticas que puede utilizar para mejorar sus habilidades de escucha activa:

1. Preste toda su atención

Asegúrese de no realizar múltiples tareas ni distraerse cuando hable con un cliente. Demuéstreles que tienen toda su atención y que son valiosos para usted.

2. Comunicación no verbal

Las señales no verbales son cruciales para comunicar su atención. Hacer contacto visual, asentir con la cabeza en señal de comprensión y reflejar sus emociones puede ayudarte a establecer una conexión.

3. Haga preguntas abiertas

Las preguntas abiertas pueden ayudarle a profundizar en las necesidades, creencias e inquietudes de los clientes. Le dan a su cliente la oportunidad de hablar, ayudándole a comprenderlo mejor.

4. Utilice la paráfrasis

Parafrasear o resumir sus necesidades y expresarlas le asegura a su cliente que las ha entendido correctamente.

5. Fomente la conversación

Anime a los clientes a expresar sus pensamientos y sentimientos. Evita interrumpirlos y dales tiempo suficiente para terminar de transmitir su mensaje.

Desafíos de la escucha activa

La escucha activa, aunque crucial, no siempre es fácil. A menudo, los obstáculos aparecen en forma de:

- Preocupación por tus propios pensamientos.
- Actitud crítica
- Interrumpir al orador
- Falta de concentración
- Trastornos físicos y emocionales.

Reconocer y abordar estos desafíos es crucial para mejorar sus habilidades de escucha activa.

Afinando tus habilidades

La escucha activa no es un don natural; es una habilidad que se puede perfeccionar con el tiempo. La autoevaluación periódica, la búsqueda de retroalimentación, los juegos de roles y la práctica de la atención plena pueden ayudar.

En resumen, dominar la escucha activa es un factor integral para lograr el dominio de las ventas salientes. Con esfuerzos serios, práctica continua y la intención genuina de comprender a los clientes, puede convertir la escucha activa en una habilidad poderosa que transforma vidas y negocios por igual.

Subsección 6.1: El poder de la escucha activa en las ventas

En el ámbito de las ventas salientes, una habilidad de comunicación fundamental que a menudo se pasa por alto es la escucha activa. La escucha activa es cuando un representante de ventas escucha genuinamente la perspectiva de un cliente potencial, comprende sus necesidades y responde en consecuencia. El dominio de esta habilidad mejora su capacidad para comunicarse de manera efectiva y negociar de manera eficiente con los clientes potenciales, ofreciendo múltiples beneficios, como establecer una relación, comprender las necesidades de los clientes y fomentar relaciones sólidas con los clientes.

Comprender el arte de la escucha activa

Contrariamente a la creencia común, escuchar es más que sólo escuchar. Mientras que escuchar es un proceso pasivo, la escucha activa es un acto consciente de prestar total atención al hablante, absorber, comprender la información transmitida y responder pensativamente. La escucha activa implica tres componentes principales:

1. Comprensión: este es el nivel básico de escucha que practican la mayoría de los representantes de ventas. La comprensión requiere comprender las palabras y frases que utiliza el cliente, junto con su significado específico relacionado con el contexto.
2. Retención: La retención implica almacenar y recordar información en la memoria. Esto puede resultar útil cuando desee hacer referencia a un detalle anterior en la conversación, ya que le muestra al cliente que está realmente atento a sus necesidades.
3. Respuesta: La demostración práctica de comprensión. Una vez que haya comprendido y retenido la información proporcionada por el cliente, el siguiente paso es ofrecer una respuesta relevante y precisa que satisfaga sus necesidades.

Construyendo una buena relación a través de la escucha activa

La escucha activa puede desempeñar un papel importante en la construcción de relaciones. Los clientes aprecian que los representantes de ventas les den la libertad de expresar sus inquietudes y que se sientan escuchados. La empatía juega un papel crucial aquí. Al expresar comprensión y validar los sentimientos del cliente, también genera confianza, lo que le facilita navegar la conversación de ventas y dirigirla hacia un resultado positivo.

Comprender las necesidades del cliente mediante la escucha activa

En las ventas salientes, el éxito a la hora de convertir un cliente potencial en cliente depende en gran medida de qué tan bien comprenda sus necesidades y le ofrezca una solución personalizada. La escucha activa le proporciona una ventana a esas necesidades. Sondear preguntas y parafrasear los comentarios del cliente puede ayudar a confirmar la comprensión y hacer que el cliente se sienta apreciado.

Fortalecimiento de las habilidades de negociación mediante la escucha activa

La escucha activa juega un papel fundamental en el proceso de negociación al ayudarlo a descifrar las necesidades, reservas y motivaciones de su cliente potencial. Al crear un diálogo que anime a los clientes potenciales a expresarse abiertamente, podrá comprender su punto de vista, contrarrestar sus objeciones de manera efectiva y posicionar inteligentemente su producto o servicio como la solución a sus problemas.

Cómo desarrollar y mejorar las habilidades de escucha activa

Mejorar las habilidades de escucha activa requiere práctica regular y participación constante en conversaciones conscientes. Aquí hay algunas estrategias:

- Esté plenamente en el momento, concentrándose completamente en el hablante.
- Evite distracciones como teléfonos o computadoras portátiles durante las conversaciones.
- Utilice gestos verbales y no verbales, como asentir, mantener contacto visual y utilizar frases afirmativas.
- Proporcione comentarios con regularidad, haga preguntas abiertas o reformule puntos para mayor claridad.

En conclusión, la escucha activa es una potente herramienta que puede mejorar tus habilidades de comunicación y negociación en las ventas salientes. Al dominarlo, no sólo podrá comprender mejor a sus clientes potenciales, sino que también se posicionará como un asesor confiable, lo que hará que el viaje de ventas sea gratificante tanto para usted como para el cliente.

Subsección 6.1: Comprender el poder de escuchar

Mientras navega por el mundo de las ventas salientes, comprender el poder de escuchar es fundamental. Muchos profesionales de ventas tienden a creer que realizar una venta se trata de hablar: exponer la propuesta de valor, ofrecer un discurso convincente y concluir con un fuerte llamado a la acción. Pero, en realidad, las ventas salientes eficaces funcionan en una proporción de 2:1: escuche el doble de lo que habla.

Escuchar, en este contexto, va más allá de simplemente escuchar lo que dice el cliente potencial. Implica una "escucha activa", que requiere una concentración y comprensión completas de las señales verbales y no verbales. Participar activamente en una conversación le permite captar los matices, las preocupaciones y los significados subyacentes que pueden ayudar a darle forma a su argumento de venta.

Subsección 6.2: Comunicación clara y concisa

Ser capaz de expresarse eficazmente es otro pilar de las ventas salientes. Esto no significa utilizar una jerga industrial compleja o sorprender con largos discursos. Por el contrario, sus clientes potenciales apreciarán un lenguaje claro, conciso y fácil de entender que aborde directamente sus puntos débiles.

La clave aquí es simplificar el valor de su producto y cómo puede resolver los problemas de los clientes. Haga que sus prospectos vean que usted está de su lado y que su objetivo es ayudarlos a abordar sus problemas de manera efectiva utilizando su solución.

Subsección 6.3: Lectura de señales no verbales

A menudo, lo que no se dice en una conversación tiene tanto peso como las palabras dichas. Las señales no verbales son una parte importante de la comunicación eficaz. Estos podrían ser el lenguaje corporal, el tono de voz o incluso ligeros cambios en su comportamiento del cliente potencial.

Al leer estas señales no verbales, puede medir el nivel de interés del cliente potencial, saber cuál es el mejor momento para realizar su aportación y cuándo podría necesitar cambiar su enfoque. Es una habilidad que requiere práctica pero que puede mejorar enormemente su competencia en ventas si se implementa correctamente.

Subsección 6.4: El arte de la persuasión

Dominar el arte de la persuasión es clave en las ventas salientes. Debe convencer a los clientes potenciales para que compartan sus puntos débiles con usted, confíen en sus soluciones y, finalmente, realicen una compra. Para ser persuasivo, necesita una combinación de confianza, comprensión, empatía y comunicación eficaz.

El objetivo no es manipular, sino construir relaciones significativas con sus clientes potenciales basadas en la confianza y el beneficio mutuo. Su intención genuina de ayudar seguramente brillará en sus conversaciones y contribuirá significativamente a su capacidad de persuasión.

Subsección 6.5: Habilidades de negociación

Para todo profesional de ventas salientes, la negociación puede ser un factor de cierre o de ruptura de acuerdos. Depende en gran medida de una comunicación efectiva y una comprensión profunda, pero es un arte y una ciencia independientes en sí mismo.

La esencia de la negociación es encontrar un terreno mutuo donde tanto usted como el cliente potencial encuentren valor. La comprensión de las necesidades del cliente potencial, sus propios objetivos de ventas y las limitaciones guiarán su estrategia de negociación.

En pocas palabras, las habilidades efectivas de comunicación y negociación son vitales para dominar las ventas salientes. Al perfeccionar estas habilidades, estará bien preparado para tener éxito en el panorama en constante cambio de las ventas salientes.

Subsección 6.1: Comprender el papel de la claridad en la comunicación

El aspecto más simple pero crucial de su dominio de las ventas salientes es la comunicación clara y concisa. Recuerde, uno de los objetivos de su discurso de ventas es transmitir con éxito y rapidez sus ideas u ofertas al cliente potencial, y la clave de este éxito es una articulación de pensamientos muy clara. En ausencia de una comunicación clara, el malentendido puede dar lugar a conflictos, tareas fallidas e incluso pérdida de ventas.

Para ponerlo en perspectiva, comprendamos un escenario común. Supongamos que se ha comunicado con un cliente potencial con su producto que cree que puede resolver su problema, pero de alguna manera, el destinatario no puede comprender sus características, beneficios o su uso exacto. A pesar de tener un producto o servicio excelente, es posible que el trato nunca se cierre debido a una información mal comunicada.

Por lo tanto, es esencial priorizar la claridad al comunicar sus ofertas. Aquí te dejamos algunos consejos prácticos que puedes incorporar:

1. Comprenda su oferta: incluso antes de comenzar a explicársela a su cliente potencial, asegúrese de comprender completamente lo que está vendiendo. Comprenda el producto o servicio por dentro y por fuera, sus características, ventajas, posibles casos de uso, ventaja competitiva, etc. Cuando comprende su producto, resulta más fácil explicárselo a los demás.

2. Evite la jerga: siempre que sea posible, evite utilizar jerga específica de la industria al explicar su producto o servicio a los clientes. Es posible que no todo el mundo esté familiarizado con los términos, acrónimos o abreviaturas que utiliza todos los días en su industria. Presentar su oferta en un lenguaje fácilmente comprensible mejora las posibilidades de que el cliente potencial comprenda e interactúe con su producto.

3. Utilice ejemplos e historias: compartir ejemplos identificables o historias de éxito puede ser increíblemente efectivo, no solo para ilustrar cómo funciona su producto o servicio, sino también para generar entusiasmo e interés en torno a él.

4. Confirmar comprensión: Después de explicar el producto o idea, consulte con el cliente potencial para asegurarse de que haya entendido correctamente. Pídales que resuman su comprensión o que hagan preguntas. Esto le brinda la oportunidad de rectificar cualquier mala interpretación o confusión en el acto, asegurando que el cliente potencial comprenda completamente lo que está ofreciendo.

Subsección 6.2: Aprovechar el poder de la escucha activa

La escucha activa es una habilidad crucial para una comunicación eficaz, especialmente en ventas. Implica centrarse plenamente en el hablante, abstenerse de interrumpir y responder pensativamente a lo que se dice. Esto hace que el hablante se sienta escuchado y comprendido, creando un impacto positivo y fomentando la confianza en su relación, un factor crítico para cerrar ventas.

Algunas técnicas de escucha activa incluyen parafrasear para mostrar comprensión, hacer preguntas abiertas para fomentar los detalles y usar afirmaciones verbales (como "ajá", "ya veo") para mostrar participación. Al utilizar la escucha activa, puede comprender mejor las necesidades, preferencias y desafíos del cliente potencial, lo que le permite presentar su producto o servicio de manera más efectiva.

Subsección 6.3: Dominar el arte de la persuasión

La persuasión consiste en convencer a sus clientes potenciales de su punto de vista, influir en ellos para que estén de acuerdo con usted o motivarlos a tomar medidas específicas, como comprar su producto o servicio. Aquí hay algunos pasos que puede seguir para mejorar sus habilidades de persuasión:

1. Comprenda sus necesidades: cuanto más sepa sobre una persona, más fácil será persuadirla. Tómese el tiempo para comprender los desafíos, necesidades y deseos de su cliente potencial. Esto le permitirá posicionar su oferta como una solución de manera más efectiva.

2. Muestre empatía: es más probable que las personas se dejen persuadir por quienes comprenden y comparten sus sentimientos. La empatía le ayuda a construir una conexión emocional más fuerte con sus clientes potenciales.

3. Utilice hechos y pruebas: respalde sus argumentos con datos, estadísticas y pruebas. Es más probable que las personas se dejen persuadir cuando saben que su punto de vista no se basa únicamente en emociones sino que también está respaldado por hechos.

4. Manténgase positivo: mantenga una actitud positiva durante toda la conversación. Esto puede hacer que sus clientes potenciales sean más receptivos a su mensaje y más propensos a estar de acuerdo con usted.

Subsección 6.4: Habilidades de negociación: cerrar acuerdos como un profesional

La negociación es una parte crucial del dominio de las ventas salientes. No se trata sólo de convencer a un cliente potencial para que compre su producto; se trata más de encontrar un terreno común en el que ambas partes estén satisfechas. A continuación se ofrecen algunos consejos útiles para mejorar sus habilidades de negociación:

1. Haga su tarea: conozca la industria, la empresa del cliente potencial y lo que podrían valorar de su producto. Cuanta más información tenga, mejor posición estará durante las negociaciones.

2. Sea paciente: las negociaciones toman tiempo. No te apresures. A veces, el simple hecho de ser paciente puede llevar a la otra parte a revelar información o hacer concesiones.

3. Conozca su punto de salida: antes de iniciar negociaciones, conozca el resultado mínimo que está dispuesto a aceptar y respételo.

4. Busque resultados beneficiosos para todos: busque una solución que beneficie a ambas partes. Este enfoque no sólo ayuda a cerrar el trato actual sino que también puede abrir puertas para negocios futuros.

Al dominar habilidades efectivas de comunicación y negociación, puede fomentar mejores relaciones con sus clientes potenciales y cerrar más acuerdos, convirtiendo las conversaciones ordinarias en oportunidades rentables.

Sección 7: Superación de obstáculos y objeciones en las ventas

Subsección 7.1: El arte de convertir las objeciones en oportunidades

Superar las objeciones es una parte importante del proceso de ventas. Aquellos que dominan la capacidad de convertir lo negativo en positivo tienen una influencia sustancial en los resultados de sus compromisos de ventas. Las objeciones en las ventas son comunes y esperadas, así que veámoslas como son: oportunidades para aclarar, mejorar el compromiso y profundizar las relaciones.

Comprender el concepto de objeciones a las ventas

Una objeción de venta es una razón válida que proporciona un cliente potencial para abstenerse de completar una compra. A menudo, estas objeciones se presentan como desafíos, creencias, opiniones o problemas específicos que surgen durante el proceso de venta. Pueden incluir inquietudes sobre precios, características del producto, términos contractuales, tiempos de entrega y la lista continúa.

Las objeciones pueden ser una señal de que el cliente potencial tiene inquietudes válidas o simplemente pueden estar estancadas debido a incertidumbres internas. Independientemente de la motivación detrás de la objeción, es importante abordarla con prontitud, honestidad y asertividad. Aquí es donde entra en juego el arte de convertir las objeciones en oportunidades.

Reconocer objeciones

Antes de poder superar una objeción de venta, debe identificarla. El truco aquí es comprender que las objeciones suelen adoptar dos formas: explícitas e implícitas. Las objeciones explícitas son desafíos directos a su oferta o preguntas sobre su valor exacto. Las objeciones implícitas, por otro lado, suelen ser sutiles y adoptan la forma de vacilaciones, dudas o señales no verbales que demuestran malestar o incertidumbre.

Transformar las objeciones en oportunidades

Pasar por alto las objeciones no es la respuesta. Escuche las inquietudes del cliente, valide sus sentimientos y aborde dichas inquietudes de manera proactiva. En lugar de simplemente considerar una objeción como un obstáculo, considérela como una posibilidad de profundizar su comprensión de las necesidades de sus clientes y brindar una solución adaptada a esas necesidades.

1. **Escuche atentamente** : la escucha activa implica comprender la perspectiva del cliente potencial, reconocer sus inquietudes y responder a ellas contextualmente.
2. **Muestre empatía y comprensión** : póngase en el lugar del cliente potencial y comprenda su punto de

vista. Esto crea una conexión genuina y confianza entre usted y el cliente potencial.

3. **Haga preguntas aclaratorias** : profundice en las objeciones para comprender completamente la causa fundamental de sus dudas. Al hacer esto, puede abordar con precisión y potencialmente revocar la objeción.

4. **Ofrezca soluciones, no argumentos** : proporcione resolución a las objeciones, mostrando cómo su producto o servicio satisface sus necesidades específicas o resuelve sus desafíos, en lugar de debatir con el cliente potencial.

5. **Seguimiento** : el seguimiento del cliente garantiza mantener una línea de comunicación abierta y muestra su dedicación a su satisfacción.

Recuerde, el objetivo final no es simplemente conseguir la venta, sino construir una relación a largo plazo basada en la confianza mutua, el respeto y la creación de valor.

Prepararse para futuras objeciones

Es crucial aprender de cada interacción y objeción planteada. Con el tiempo, comenzará a notar patrones en las inquietudes que los clientes potenciales tienen sobre su oferta. Utilice estos patrones para anticipar objeciones y desarrollar respuestas que eliminen, o al menos reduzcan, su impacto.

Esta parte del viaje de ventas a veces puede ser desafiante, pero recuerde esto: cada obstáculo superado fortalece sus habilidades de ventas y lo acerca un paso más al dominio de las ventas. Cada objeción combatida no es sólo una victoria, es una lección y una oportunidad para volverse más capaz en su arte de dominar las ventas salientes.

Subsección 7.1: Comprensión de la naturaleza de las objeciones

Comprenda esto: las objeciones no son rechazos rotundos. Son una expresión de inquietudes de los clientes, falta de claridad o ciertas dudas sobre sus productos o servicios. Cada objeción plantea una consulta y responderla ayuda al cliente a comprender mejor el producto.

Reconocer la preocupación subyacente

Mire debajo de la objeción abierta. La mayoría de las objeciones surgen del miedo y la incertidumbre sobre las perspectivas. Pueden parecer quejas sobre su servicio o producto, pero en realidad es su forma de buscar seguridad sobre el valor que promete su producto.

He aquí un ejemplo trivial. Cuando un cliente potencial dice: "Su producto me parece demasiado caro", se esconde la pregunta: "¿Está justificado el alto coste de su producto? ¿Obtendré un valor equivalente de esta inversión?". Entonces, en lugar de defender el precio, convéncelos sobre el valor que obtendrán del producto.

Reiterar y confirmar

Una vez que comprenda la objeción, repítala al cliente potencial para asegurarse de que tiene razón. Podría sonar algo así como: "Entonces, si entendí correctamente, te preocupa..." Al reformular la objeción, le aseguras al cliente potencial que se han tomado nota de sus inquietudes y las validas.

Abordar la objeción

Publicar reformulación, responder a la objeción. Esto podría requerir que expliques la funcionalidad de tu producto/servicio, lo compares con alternativas o incluso proporciones testimonios de otros clientes. Por ejemplo, si objetan el precio, explíqueles cómo su producto es superior a alternativas más baratas o cómo ofrece una mejor relación calidad-precio a largo plazo.

Al abordar las objeciones, recuerde ser respetuoso y empático. Trate estas objeciones como preocupaciones genuinas y no como obstáculos.

Validar la resolución

Una vez que haya abordado la objeción, verifique si el cliente potencial está satisfecho con su respuesta con una pregunta como "¿Eso aborda su inquietud?", "¿Hay algo más que le gustaría entender?". o "¿He respondido claramente a tu pregunta?". Esta interacción no sólo asegurará al cliente potencial su decisión, sino que también fomentará una relación positiva más sólida entre usted y ellos.

Aprender de las objeciones

Cada objeción que enfrenta es una oportunidad para aprender y mejorar. Comprender las objeciones recurrentes puede ayudarlo a identificar brechas en sus productos, aclarar su argumento de venta o trabajar en varios aspectos de la interacción con su cliente. Considere estas objeciones como retroalimentación y esfuércese por resolverlas de manera proactiva para futuros proyectos. Esta mentalidad no sólo le ayudará a superar las objeciones, sino también a evitarlas en el futuro.

Superar las objeciones es una parte crucial de cualquier proceso de ventas salientes. No se trata sólo de persuadir a un cliente potencial, sino también de construir relaciones duraderas. Acepte las objeciones y conviértalas en sus trampolines hacia una venta exitosa. Recuerde, el poder reside en comprender las preocupaciones centrales, mantener una comunicación abierta y elaborar respuestas convincentes. Sobre todo, es darse cuenta de que las objeciones son oportunidades de crecimiento, tanto para usted como para su empresa.

Subsección: Abordar las objeciones de frente: estrategias y prácticas comprobadas

En el apasionante mundo de las ventas salientes, abordar las objeciones de los clientes es una parte esencial del proceso. Como vientos feroces que ponen a prueba la resistencia de un velero, estas objeciones ponen a prueba el temple de cada vendedor. La habilidad de convertir estas objeciones en oportunidades de oro separa a los expertos en ventas experimentados de los novatos. Esta subsección ofrece una guía completa sobre cómo manejar las objeciones de frente, aclarando estrategias comprobadas que pueden transformar su proceso de ventas y al mismo tiempo fortalecer su relación con clientes potenciales.

Comprender las objeciones de ventas

Las objeciones en las ventas son más que meros rechazos; Proporcionan pistas cruciales sobre las necesidades y reservas del cliente potencial. Examínelos adecuadamente y es posible que se encuentre con ideas prácticas que influyan en la decisión a su favor. Comprender las objeciones también exige empatía y paciencia, ya que los clientes suelen expresar sus inquietudes inmersos en el miedo, la desconfianza o los malentendidos. Por lo tanto, ármate de conocimiento y empatía para profundizar en dichas reservas y guiar suavemente a los clientes hacia tus ofertas.

Diferentes tipos de objeciones a las ventas

Las objeciones a las ventas se pueden entender en múltiples contextos, pero en términos generales se dividen en cuatro categorías: basadas en la necesidad, basadas en la confianza, basadas en el dinero y basadas en el tiempo. Como sugieren los nombres, estas objeciones surgen de una falta de necesidad percibida, problemas de confianza, limitaciones financieras o un mal momento. Cada uno requiere un enfoque y una comprensión únicos para guiar eficazmente la conversación hacia una situación en la que todos ganen.

Estrategias para superar las objeciones a las ventas

- **Escucha activa** : el primer paso para resolver las objeciones es escuchar genuinamente. Sólo cuando sea consciente de sus preocupaciones podrá abordarlas. Al escuchar activamente, responder adecuadamente y hacer preguntas de seguimiento, se comunica empatía y sinceridad, sentando las bases para un diálogo constructivo.
- **Empatizar y validar inquietudes** : Póngase en el lugar del cliente. Empatizar con sus preocupaciones y validar sus sentimientos genera confianza. Exprese su comprensión de su situación antes de ofrecer una solución. Le muestra al cliente que lo escuchan y que

usted está comprometido a brindarle servicio, independientemente de si realiza una compra o no.

- **Venta basada en soluciones** : una vez identificadas las inquietudes del cliente, pasar a ofrecer soluciones. Si un cliente potencial expresa objeciones basadas en el dinero, ofrézcale planes de precios flexibles o enfatice el valor que obtendrá por lo que paga. Una objeción basada en el tiempo se puede abordar mediante demostraciones de productos que muestren cómo su producto/servicio puede ahorrarles tiempo a largo plazo.

- **Abordar las objeciones de forma proactiva** : Anticípese a las objeciones comunes y abórdelas antes de que surjan. Este enfoque proactivo no sólo ahorra tiempo sino que también crea la impresión de un vendedor consultivo que está genuinamente interesado en ayudar al cliente. Elabore su argumento de venta destacando cómo su producto aborda las reservas comunes y observe cómo se fortalece enormemente la confianza con los clientes potenciales.

- **Utilice testimonios y estudios de casos de forma eficaz** : cuando se trate de objeciones basadas en la confianza, aproveche las pruebas sociales, como testimonios, estudios de casos o reseñas de clientes. Muestran historias de éxito verificables con su producto, inclinan la balanza a su favor e infunden una sensación de confianza en clientes potenciales indecisos.

- **Siempre haga un seguimiento** : la conversación de ventas no debe terminar con la objeción. Sea resiliente. Muestre empatía, respete su decisión, pero también exprese su intención de hacer un seguimiento. A menudo, surgen objeciones cuando los clientes potenciales necesitan más tiempo para procesar la información o factores que escapan a su control. Con el tiempo, estas limitaciones pueden cambiar, abriendo puertas para futuros compromisos fructíferos.

La aplicación de estas estrategias no sólo conducirá a superar las objeciones sino que también fomentará relaciones sostenibles que generen valor a largo plazo. Recuerde, las objeciones no son rechazos. Son oportunidades para que usted muestre su resiliencia, empatía y compromiso con el éxito del cliente, sentando las bases para una asociación profundamente arraigada y mutuamente beneficiosa a lo largo del tiempo.

Capítulo 15: Adaptar una mentalidad de crecimiento: clave para superar las objeciones de ventas

En el siempre competitivo mundo de las ventas salientes, las objeciones de los clientes potenciales no sólo son probables; son prácticamente un rito de iniciación. Aceptar desde el principio que surgirán objeciones puede cambiar drásticamente su perspectiva y mejorar su capacidad para superar estos obstáculos. En este capítulo, exploraremos una herramienta fundamental para cualquier profesional de ventas: adoptar una mentalidad de crecimiento.

Desglose las posibles objeciones

Antes de navegar por los mares de las objeciones a las ventas, es crucial describir cómo suelen ser estas objeciones. Pueden variar desde objeciones simples y desdeñosas ("Estoy demasiado ocupado en este momento") hasta factores más concretos y trascendentes ("No tenemos el presupuesto para este producto"). Reconocer la causa fundamental detrás de estas objeciones le proporcionará las herramientas para convertir un "no" en un "sí".

El poder de una mentalidad de crecimiento

Cambiar la visión de un cliente potencial de un "no" rotundo a un "sí" prometedor requiere primero un cambio dentro del vendedor. Aquí es donde entra en juego la mentalidad de crecimiento. Definida por la psicóloga Carol Dweck, una mentalidad de crecimiento "se basa en la creencia de que tus cualidades básicas son cosas que puedes cultivar a través de tus esfuerzos" (Mindset, 2006).

Un individuo con mentalidad de crecimiento ve los desafíos como oportunidades de crecimiento, percibe el esfuerzo como un camino hacia la maestría, aprende de las críticas y encuentra inspiración en el éxito de los demás. En el contexto de las ventas salientes, esto significa ver las objeciones no como obstáculos insuperables, sino como una oportunidad para aprender, adaptarse y crecer.

Cultivar una mentalidad de crecimiento en las ventas

No todo el mundo posee naturalmente una mentalidad de crecimiento. Sin embargo, es posible e invaluable instigar uno. A continuación se detallan algunos pasos para cultivar esta herramienta de ventas esencial:

Acoge el desafío

Empiece por replantear los desafíos como oportunidades de crecer. Ya sea que un cliente potencial dé un 'no' firme o esté indeciso, considérelo como una oportunidad para adaptar su método de venta.

Practica la persistencia

Las ventas son un juego de resolución. La ley de los promedios sugiere que cuantos más clientes potenciales interactúes, mayor será la probabilidad de realizar una venta. Desarrollar la perseverancia le permitirá hacer un esfuerzo adicional y no darse por vencido fácilmente.

Buscar comentarios

Invita y acepta comentarios. Incluso los vendedores más experimentados tienen margen de mejora. La crítica debe verse como una fuente de crecimiento y no como un ataque a tus capacidades.

Celebre el aprendizaje

Celebre cada conocimiento obtenido de las pruebas y los fracasos. Cada venta fallida es una oportunidad para modificar su enfoque y mejorar sus habilidades.

En este estado de ánimo orientado al crecimiento, las objeciones a las ventas se convierten menos en una frustración y más en una oportunidad de construir un puente hacia una venta exitosa. Al adoptar una mentalidad de crecimiento, puede convertir los aspectos negativos percibidos de las objeciones en aspectos positivos procesables, transformando potencialmente sus resultados y su carrera en general en ventas salientes.

Asegúrese de llevar esta mentalidad consigo durante todo su recorrido de ventas. Promete ser una herramienta poderosa para superar las objeciones a las ventas, transformando la mayoría de los rechazos de reveses en pasos hacia el dominio de las ventas. Recuerde, en cada objeción hay una oportunidad de crecimiento y aprendizaje.

7.1 Reconocer y comprender las objeciones

Como profesional de ventas salientes, es fundamental anticipar que los clientes potenciales puedan tener objeciones sobre su producto o servicio. Estas objeciones suelen ser el resultado de riesgos percibidos, escepticismo, malentendidos o falta de información. No son necesariamente un reflejo de sus habilidades de venta, sino parte del recorrido del comprador.

Comprender y manejar eficazmente las objeciones puede marcar la diferencia entre cerrar una venta y perder una oportunidad. Es útil tener en cuenta que las objeciones no siempre son un rotundo "no". En cambio, podrían ser la forma en que su cliente potencial solicita más información antes de que pueda tomar una decisión o esté listo para comprometerse.

Tipos de objeciones de venta

En términos generales, las objeciones se pueden agrupar en cuatro categorías: precio, producto, necesidad y momento.

- **Precio:** estas objeciones surgen de la creencia de sus clientes potenciales de que su producto o servicio es demasiado caro. Esta percepción podría deberse a una falta de valor percibido o a un presupuesto ajustado.

- **Producto:** Estas objeciones se refieren al producto o servicio real. Puede presentarse en forma de escepticismo sobre su funcionalidad, rendimiento o calidad.
- **Necesidad:** en estos casos, el cliente potencial no ve la necesidad de su producto o servicio. Es posible que sientan que ya están adecuadamente equipados o que no vean cómo su oferta se alinea con sus objetivos o desafíos.
- **Momento oportuno:** a menudo, los clientes potenciales están satisfechos con su solución actual o están ocupados con otros asuntos urgentes, lo que les hace dudar a la hora de invertir tiempo y recursos en algo nuevo.

Reconocer el tipo de objeción puede guiar su estrategia para superarla.

Superar las objeciones de ventas

Superar las objeciones implica un cierto nivel de habilidad y experiencia. Aquí hay algunas estrategias que vale la pena explorar:

- **Cuestionamiento:** si se enfrenta a una objeción de precio, por ejemplo, haga preguntas que puedan ayudar a descubrir las preocupaciones subyacentes del cliente potencial. En lugar de justificar el precio desde el principio, intente comprender lo que consideran un precio justo y por qué.
- **Proporcionar evidencia:** esto podría significar compartir testimonios de clientes satisfechos, estudios de casos que muestren la efectividad del producto o datos que respalden sus afirmaciones,

especialmente útiles para objeciones sobre productos.

- **Demostrar valor:** para objeciones basadas en necesidades, concéntrese en comunicar el valor que su producto o servicio puede aportar. Explique cómo puede abordar sus desafíos o contribuir a su éxito. Utilice historias de éxito que muestren cómo otros se han beneficiado para crear relacionabilidad.
- **Crear urgencia:** cuando se trata de una objeción sobre el momento oportuno, crear un sentido de urgencia puede ayudar a fomentar una decisión. Las ofertas por tiempo limitado o la explicación de cómo un retraso puede provocar la pérdida de oportunidades o desafíos sin cambios pueden influir en la perspectiva del cliente potencial.

Sin embargo, asegúrese siempre de que su respuesta sea respetuosa y comprensiva. Una respuesta condescendiente o desdeñosa puede arruinar la relación.

El arte de la persistencia

Es fundamental no rendirse ante la primera objeción. El hecho de que un cliente potencial tenga objeciones no significa que no esté interesado. Ser persistente, responder respetuosamente e investigar más profundamente a menudo puede ayudarle a descubrir las verdaderas preocupaciones que preocupan a su cliente potencial.

Recuerde practicar la escucha activa. Escuche sus objeciones, sienta empatía por ellas y responda pensativamente. Puede generar confianza y abrir la puerta a nuevos diálogos que eventualmente podrían conducir a una venta.

En última instancia, dominar el arte de superar las objeciones puede aumentar significativamente el éxito de sus ventas salientes. Se trata de generar confianza, demostrar valor y estar preparado para cualquier inquietud que pueda tener su cliente potencial.

Al aprender a ver las objeciones como oportunidades, comenzará a transformar su enfoque, convirtiéndolo en un vendedor más eficaz y empático, transformando no solo sus ventas sino también su propio camino de crecimiento personal.

Sección 8: Ampliar sus ventas y transformar su negocio

Capítulo 8.1: Mejora de la eficiencia de las ventas mediante la automatización

La automatización de ventas es una estrategia brillante que las empresas implementan para liberar a su equipo de ventas de tareas mundanas y repetitivas, permitiéndoles concentrar más tiempo y esfuerzo en actividades que generan ingresos. La automatización de algunas de estas tareas fomenta un flujo de trabajo optimizado que garantiza que cada cliente potencial participe adecuadamente y que no se pierda ninguna oportunidad.

8.1.1: Comprensión de la automatización de ventas

La automatización de ventas es el proceso de aprovechar herramientas, software y tecnología para automatizar tareas repetitivas y que consumen mucho tiempo asociadas con la gestión de procesos de ventas y recaudación de fondos. Estas tareas suelen implicar seguimientos, envío de correos electrónicos, seguimiento de posibles clientes potenciales, actualización de información de contacto y procesos de documentación. Al automatizar estas tareas, su equipo de ventas puede centrarse en los aspectos complejos y personales de las ventas que construyen relaciones con los clientes y cierran acuerdos.

8.1.2: Componentes de las ventas automatizadas

Un proceso de ventas automatizado bien implementado puede tener cinco componentes clave:

- **Correos electrónicos automatizados:** esto implica configurar reglas automatizadas que se activan en función de diferentes criterios y envían el tipo correcto de contenido a diferentes clientes potenciales en el momento adecuado.
- **Gestión de contactos, acuerdos y tareas:** los sistemas pueden limpiar automáticamente bases de datos, gestionar y realizar un seguimiento de acuerdos, crear tareas e incluso asignarlas al miembro adecuado del equipo según criterios predefinidos.
- **Puntuación predictiva de clientes potenciales:** este sistema califica a los clientes potenciales según su atractivo y su disposición para realizar conversiones en función de una gran cantidad de puntos de datos y señales.

- **Gestión de campañas de ventas:** la automatización puede gestionar campañas multicanal, así como enviar mensajes personalizados a los clientes potenciales.
- **Análisis e informes de ventas:** un sistema automatizado puede generar análisis orientados a la acción que permiten a los equipos de ventas prever tendencias y girar cuando sea necesario.

8.1.3: Beneficios de la automatización de ventas

La automatización puede transformar drásticamente cualquier departamento de ventas. Aquí hay algunos beneficios revolucionarios:

- **Ahorra tiempo:** la automatización reduce el tiempo dedicado a tareas repetitivas y permite que tu equipo de ventas se concentre en la actividad principal de vender.
- **Reducción de errores:** al minimizar la intervención humana, la posibilidad de errores se reduce considerablemente.
- **Gestión mejorada de las relaciones con el cliente:** los sistemas CRM pueden automatizar recordatorios de seguimiento, etiquetado de clientes potenciales, campañas de correo electrónico y muchos otros, haciendo que la interacción con el cliente sea fluida.
- **Escalabilidad:** la automatización permite a las empresas escalar su actividad de ventas de acuerdo con sus necesidades comerciales sin gastos adicionales considerables.
- **Toma de decisiones basada en datos:** la recopilación, el análisis y la visualización de datos automatizados pueden ayudar a tomar decisiones

basadas en información en tiempo real y en el comportamiento del cliente.

8.1.4: Herramientas de automatización de ventas a considerar

Varias herramientas pueden ayudar a agilizar y automatizar los procesos de ventas:

- **Software CRM:** herramientas como Salesforce, Zoho, HubSpot, etc., brindan sólidas capacidades de automatización en todo el embudo de ventas.
- **Herramientas de marketing por correo electrónico:** se pueden utilizar plataformas como Mailchimp y Constant Contact para configurar secuencias de correo electrónico automatizadas y gestionar campañas de divulgación a gran escala.
- **Herramientas de gestión de redes sociales:** herramientas como Hootsuite y Buffer pueden automatizar, optimizar y gestionar las publicaciones y la participación en las redes sociales.

La automatización de ventas no debe verse como una herramienta para reemplazar a un equipo de ventas, sino que debe aprovecharse para ayudarlos en tareas de ventas de orden superior eliminando tareas redundantes. Integrar la automatización en las operaciones de ventas es un gran paso hacia el dominio de las ventas salientes y la transformación de su negocio. Deje que su viaje hacia la automatización de ventas comience hoy.

Subsección: El arte del escalamiento eficiente

En esta subsección crucial de "Ampliar sus ventas y transformar su negocio", profundizaremos en el arte del escalamiento eficiente. Aquí, exploraremos las técnicas, estrategias y filosofías que marcan la diferencia entre un negocio estancado y uno que evoluciona, crece y triunfa continuamente.

Comprender lo que significa escalar

Escalar es más que solo crecimiento. Se trata de hacer crecer tus ventas y tu negocio de manera eficiente. La idea es aumentar sus ingresos de manera exponencial y al mismo tiempo agregar recursos de manera incremental. Lograr este equilibrio requiere una planificación cuidadosa, una inversión estratégica y un seguimiento y medición precisos del desempeño.

La relevancia de las ventas salientes en el escalamiento

Las ventas salientes juegan un papel importante en el escalamiento efectivo. A medida que sus vendedores se acercan y generan más negocios, la afluencia resultante de clientes y ganancias proporciona el impulso que necesita para ampliar sus operaciones.

Conozca su mercado

Para escalar de manera eficiente, es necesario comprender detalladamente su mercado. Utilice su investigación de mercado, comentarios de clientes y datos de ventas para reconocer el valor real que brinda a sus clientes y aproveche este conocimiento en sus argumentos de venta y campañas de marketing.

Establecer objetivos claros

Sus esfuerzos de ampliación siempre deben estar guiados por objetivos claros y mensurables. Estos podrían implicar alcanzar un objetivo de ingresos específico, expandirse a nuevos mercados o lograr una determinada tasa de conversión de ventas. Los objetivos claros brindan dirección y motivación a todo su equipo.

Optimice sus operaciones

Para escalar de manera eficiente, es esencial que optimice sus operaciones para minimizar la pérdida de tiempo, esfuerzo y recursos. Optimice sus procesos de ventas, implemente software de ventas eficaz, capacite a su equipo y automatice tareas cuando sea posible. Todo esto lo deja en una mejor posición para escalar sus ventas sin aumentar drásticamente su carga de trabajo.

Formación y desarrollo

Su equipo de ventas es fundamental para sus esfuerzos de escalamiento. La capacitación y el desarrollo continuos garantizan que tengan las habilidades necesarias para cerrar el mayor volumen de ventas. Recuerde, a medida que aumenta sus ventas, su equipo también debe aumentar sus habilidades.

Analizar y adaptar

Escalar implica analizar continuamente su desempeño, identificar áreas de mejora y adaptar sus estrategias en consecuencia. Supervise de cerca sus cifras de ventas, comentarios de los clientes, tendencias del mercado y competidores para mantenerse a la vanguardia.

El poder de las redes y las asociaciones

Formar asociaciones y alianzas estratégicas para acelerar el proceso de escalamiento. No sólo generan nuevos negocios, sino que también brindan oportunidades de aprendizaje, desarrollo y conocimientos de la industria.

Conclusión

Escalar no se trata sólo de hacer crecer sus ventas y su negocio, sino hacerlo de una manera que maximice la eficiencia y la rentabilidad. Se trata de conocer su mercado, establecer objetivos claros, optimizar las operaciones, invertir en su equipo, analizar continuamente su desempeño y aprovechar el poder de las asociaciones.

Recuerde, dominar el arte de las ventas salientes es clave para escalar de manera eficiente y transformar no solo su negocio, sino todo su enfoque empresarial.

Subsección 8.1: Estrategias efectivas para ampliar las ventas salientes

Cuando una empresa alcanza un cierto nivel de logros en sus ventas salientes, el siguiente paso lógico es escalar. Esto requiere estrategias bien definidas que mantengan la calidad de las ventas y al mismo tiempo aumenten significativamente la cantidad. Este proceso es crucial para el progreso de su negocio y debe manejarse con precisión y experiencia.

Ampliar las ventas salientes implica ajustar su modelo de ventas, mejorar la eficiencia, reevaluar sus objetivos y garantizar que su equipo de ventas esté actualizado con las habilidades adecuadas.

Paso 1: perfeccionar su modelo de ventas

Si su organización está considerando ampliar sus ventas salientes, significa que su modelo de ventas ha tenido cierto nivel de éxito. Pero los negocios implican una evolución constante, por lo que siempre es importante perfeccionar su modelo de ventas actual para garantizar que su éxito se pueda replicar a mayor escala. Para ajustar su modelo de ventas de manera efectiva, determine los elementos clave que contribuyeron al éxito de sus ventas y luego trate de reforzar estos factores mientras mitiga cualquier área de debilidad.

Paso 2: aumentar la eficiencia

Para escalar de manera efectiva, su organización necesita realizar tareas de ventas más rápido y mejor. A menudo, esto implica maximizar los recursos o capacidades actuales mediante la automatización o procesos optimizados. Se pueden utilizar herramientas de flujo de trabajo, inteligencia artificial, chatbots, sistemas CRM y otras soluciones tecnológicas para simplificar las tareas y acelerar sus procesos de ventas. Al hacerlo, podría atraer más clientes potenciales sin sacrificar la calidad de la interacción con el cliente y, por lo tanto, aumentar significativamente las ventas salientes.

Paso 3: reevaluar su mercado objetivo

A menudo, durante la ampliación, las empresas necesitan reevaluar sus mercados objetivo. Cuando planee aumentar su volumen de ventas, debe asegurarse de que su grupo de audiencia sea lo suficientemente amplio y profundo para adaptarse a esta expansión. Se pueden utilizar varias herramientas de análisis de mercado, como FODA y

PESTEL, para obtener una comprensión profunda de la dinámica del mercado, el alcance de la audiencia y el potencial de rentabilidad en términos de escala.

Paso 4: mejorar las habilidades de su equipo de ventas

No importa cuán eficientes sean sus estrategias y tecnologías, en el centro de cada proceso de ventas se encuentra su equipo de ventas. Para escalar sus ventas de manera efectiva, su equipo debe estar equipado con las habilidades necesarias para manejar demandas más complejas y mayores volúmenes de ventas. Esto se puede lograr mediante sesiones periódicas de capacitación, programas de tutoría y otras actividades de desarrollo.

Una vez que ejecute estos pasos de manera efectiva, estará en camino de llevar su negocio a alturas sin precedentes. Sin embargo, recuerde que el escalado es un proceso continuo y no un evento único. Requiere seguimiento, ajuste y mejora constantes para mantener y aumentar el éxito.

La elección de ampliar sus ventas salientes marca un hito importante en su recorrido empresarial, pero es sólo el comienzo. Con planificación estratégica, acciones proactivas y esfuerzos consistentes, puede lograr sus objetivos de escalamiento y transformar su negocio.

Recuerde, la maestría no es un evento sino un viaje. Siga invirtiendo en sus conocimientos, habilidades y estrategias. El mercado es amable con quienes están preparados, son implacables y adaptables. Deje que su viaje hacia el dominio de las ventas salientes continúe inspirándolo a usted, a su equipo y a todos a quienes presta servicios su empresa.

Subsección 8.1: Establecimiento de una infraestructura de recursos sólida para el crecimiento de las ventas salientes

A medida que sus esfuerzos de ventas salientes cobren impulso, rápidamente se dará cuenta de la importancia de una infraestructura sólida que permita un crecimiento constante. Su equipo de ventas salientes debe adherirse a un marco que permita la escalabilidad, ya que un enfoque de expansión no preparado podría generar esfuerzos desorganizados, oportunidades de ventas perdidas y, en última instancia, una transformación empresarial sofocada. Esta necesidad nos lleva a un enfoque principal que juega un papel clave en el escalamiento: establecer una infraestructura de recursos sólida.

8.1.1 Reunir un equipo de ventas sólido

La columna vertebral de su campaña de ventas salientes reside en el equipo que ejecuta el mandato. Crear un equipo de ventas fuerte, experimentado y motivado es esencial para un crecimiento escalable. Mientras se centra en reunir vendedores experimentados, también esfuércese por fomentar un entorno que permita el desarrollo de habilidades, motivando a los empleados para que se transformen en expertos en ventas salientes. Las iniciativas de reclutamiento deben apuntar a candidatos de alto potencial, preferiblemente aquellos con habilidades de comunicación excepcionales y una habilidad especial para establecer relaciones duraderas con los clientes.

8.1.2 Construyendo un entorno rico en recursos

Imbuido del conocimiento necesario, su equipo de ventas necesita recursos para desempeñar sus funciones de manera óptima. Los recursos van desde herramientas de software de ventas, materiales educativos, sistemas de gestión de relaciones con los clientes (CRM), espacios para reuniones y más. Garantizar que estos recursos estén disponibles agrega un nivel crucial de organización a las operaciones de ventas, evitando tiempos de inactividad indebidos e inconvenientes en su proceso de ventas que podrían obstaculizar la escalabilidad.

8.1.3: Invertir en tecnología

El clima de ventas moderno depende en gran medida de la tecnología para lograr eficiencia y precisión. Considere la posibilidad de integrar herramientas tecnológicas útiles, como sistemas CRM, software de análisis predictivo y herramientas de seguimiento de correo electrónico. Estos optimizarán sus procesos de ventas, mejorarán las interacciones con los clientes y proporcionarán información útil. Recuerde, las inversiones en tecnología deben apuntar a simplificar los procesos, no a complicarlos aún más.

8.1.4: Programas de capacitación consistentes

Invertir en programas de capacitación regulares mantiene a su equipo actualizado con las últimas técnicas de ventas, cambios en la industria y avances en tecnología. Un equipo de ventas bien capacitado capaz de adaptarse a las tendencias emergentes le ayudará a mantener un alto nivel de producción a medida que aumentan sus esfuerzos de ventas.

8.1.5: Sistema de métricas robusto

Cualquier equipo de ventas salientes en crecimiento necesita un sistema de métricas sólido para monitorear el desempeño, aislar áreas de mejora y reconocer a los mejores. Al utilizar KPI como la cantidad de clientes potenciales generados, la tasa de conversión y el nivel de actividad de CRM, puede realizar un seguimiento del progreso y modificar estrategias para aumentar la productividad.

Comprender la importancia de establecer una infraestructura de recursos sólida es fundamental para la expansión de sus esfuerzos de ventas salientes. Con el equipo, las herramientas, la tecnología, la capacitación y el seguimiento adecuados, puede iniciar un modelo de ventas que mantenga constantemente un alto nivel de rendimiento y se adapte perfectamente a las crecientes demandas. Esto no solo permite un crecimiento escalable, sino que también impulsa el cambio transformador que su empresa necesita para dominar su esfera industrial.

Subsección 8.1: Acelerar el crecimiento a través de una estrategia de ventas salientes

Es innegable: para transformar su negocio y lograr un crecimiento fantástico, una estrategia de ventas salientes eficaz es más que algo agradable de tener: es absolutamente crucial. Profundicemos en lo que las ventas salientes pueden hacer por su negocio y cómo dominarlas.

Por qué son importantes las ventas salientes

Las ventas son el alma de cualquier negocio. Impulsan el crecimiento y son responsables de transformar pequeñas empresas en empresas Fortune 500. Outbound Sales se centra en la adquisición de clientes a través de técnicas de venta proactivas, como llamadas en frío, correos electrónicos y ventas sociales. Este método aumenta el potencial de crecimiento de una empresa al llegar a clientes potenciales que quizás no hayan descubierto la empresa o sus productos o servicios.

Equilibrio entre calidad y cantidad en clientes potenciales

Una estrategia de ventas salientes eficiente va más allá de simplemente contactar con tantos clientes potenciales como sea posible. Se trata de encontrar el equilibrio adecuado entre calidad y cantidad de clientes potenciales. Una gran cantidad de clientes potenciales puede parecer excelente, pero si la calidad es baja, generará más rechazo y desperdicio de recursos. Por el contrario, los clientes potenciales de alta calidad que no escalan limitan su potencial de crecimiento.

Por lo tanto, uno de los componentes clave para dominar las ventas salientes es establecer una estrategia sostenible para generar clientes potenciales de alta calidad a gran escala. Un método eficaz incluye identificar el perfil de su cliente ideal y luego utilizarlo para dirigirse a clientes potenciales y acercarse a ellos de una manera atractiva.

Creación de un equipo de ventas salientes eficaz

Otro aspecto crucial del dominio de las ventas salientes implica la creación de un equipo de ventas eficiente. He aquí algunos puntos pertinentes:

- **Reclutamiento: ** El representante de ventas ideal comprende su producto/servicio, comprende su mercado y tiene una habilidad especial para interactuar con la gente. Mire más allá de la experiencia inmediata y céntrese en la actitud y el potencial al contratar.
- **Capacitación: ** Invierta en capacitación periódica para mantener a su equipo de ventas actualizado sobre los cambios de productos, los cambios del mercado y la evolución del recorrido del comprador. La formación debe inculcar las habilidades para contar historias de forma eficaz, resolver problemas, ser asertivo y afrontar objeciones.
- **Motivación: **Se debe aprovechar la motivación intrínseca y extrínseca para mantener decidido al equipo de ventas, incluso ante los rechazos. Haga un buen uso de los incentivos, cree una atmósfera competitiva pero amigable y reconozca a los mejores para elevar la moral.
- **Herramientas: ** Proporcione a su equipo las herramientas adecuadas. El uso de sistemas de

gestión de relaciones con el cliente (CRM), herramientas de programación de correo electrónico, aplicaciones de productividad, etc., puede hacerlos más organizados y eficientes.

Métricas, análisis y mejora continua

El análisis de datos es la columna vertebral de una estrategia de ventas salientes eficaz. Realice un seguimiento de métricas críticas como tasas de conversión, tasas de apertura de correo electrónico, tiempo de respuesta de clientes potenciales y costo de adquisición de clientes. Utilice estas métricas para analizar y optimizar su rendimiento de ventas continuamente. El objetivo no es sólo realizar un seguimiento de los resultados, sino también proporcionar información sobre cómo se pueden perfeccionar los procesos para obtener mejores resultados.

Construyendo relaciones con los clientes

Por último, recuerda que cada venta es el comienzo de una relación. Participar en seguimientos posventa, buscar comentarios de los clientes y mantener canales de comunicación abiertos. Los clientes satisfechos no solo brindan reseñas valiosas, sino que también pueden generar referencias y, por lo tanto, generar más ventas.

Recuerde, dominar las ventas salientes y hacer crecer su negocio no es una tarea de la noche a la mañana. Se trata de evolucionar constantemente, aprender y esforzarse por mejorar. Al comprender a sus clientes objetivo, crear un equipo de ventas potente, aprovechar los datos y fomentar las relaciones con los clientes, puede transformar su negocio y llevarlo a alturas de éxito sin precedentes.

Sección 9: Estudios de caso: Implementación exitosa de estrategias de ventas salientes

Estudio de caso 1: Smith Co.: De la lucha a la prosperidad mediante implementaciones estratégicas de ventas salientes

Durante la desaceleración económica de 2015, Smith Co., una nueva empresa de software, se enfrentaba a una coyuntura crítica. El software como servicio (SaaS) sobre el que se construyó la empresa no interactuaba con el mercado como se esperaba y generar ingresos se estaba volviendo cada vez más difícil. Sin embargo, en lugar de optar por la disolución, Smith Co. decidió revisar sus estrategias de ventas al exterior.

El equipo directivo reconoció que tenían algunas limitaciones graves en su alcance y mensajería a clientes potenciales y, después de una evaluación FODA exhaustiva, decidió redefinir su enfoque mediante la implementación de nuevas estrategias de salida.

Análisis del embudo de ventas existente

Smith Co. comenzó trazando detalladamente su proceso de ventas existente. Esto les permitió identificar cuellos de botella y áreas donde los clientes potenciales estaban abandonando el embudo de ventas. Se hizo evidente que su ciclo de ventas era demasiado complicado, lo que llevaba a una toma de decisiones lenta y a una mayor tasa de oportunidades perdidas.

Implementar un enfoque personalizado

Luego, la empresa comenzó a desarrollar un enfoque más personalizado hacia sus clientes potenciales. En lugar de enviar correos electrónicos genéricos y realizar llamadas de ventas programadas, el equipo de ventas recibió capacitación para personalizar su enfoque para cada cliente potencial. Invirtieron un esfuerzo considerable en comprender las necesidades específicas de cada organización cliente potencial y buscaron posicionar su producto como una solución a esas necesidades únicas.

Invertir en herramientas de habilitación de ventas

Luego, Smith Co. invirtió en herramientas de habilitación de ventas para aumentar la productividad y la eficiencia de su equipo de ventas salientes. Implementaron un sistema CRM (Gestión de relaciones con el cliente) para realizar un mejor seguimiento y gestionar sus relaciones con clientes potenciales. El CRM les permitió automatizar ciertas tareas, como correos electrónicos de seguimiento, liberando tiempo a los representantes de ventas para concentrarse en actividades de divulgación más críticas.

Capacitación y evaluación periódicas

Para mantenerse en la cima del dominio de las ventas salientes, Smith Co. inició una rutina de controles y capacitación regulares. Se monitorearon cuidadosamente las métricas de desempeño de cada representante de ventas y se brindó capacitación individual adicional según fue necesario. Este proceso constante de evaluación y reentrenamiento ayudó al equipo a mantenerse alerta y receptivo a las dinámicas cambiantes del mercado.

Resultado de la implementación exitosa

La implementación de las nuevas estrategias de ventas salientes resultó en una mejora sustancial en el desempeño de ventas de Smith Co.

En seis meses, la empresa duplicó su tasa de conversión de cliente potencial a cliente. Este éxito generó un aumento significativo en los ingresos y ayudó a Smith Co. a superar el desafiante clima económico. Además, la reestructuración de las ventas salientes inspiró una nueva energía dentro de la empresa, lo que generó una mayor satisfacción de los empleados y menores tasas de rotación.

La trayectoria de Smith Co. es un testimonio de que las empresas pueden transformarse mediante implementaciones estratégicas de ventas salientes. El estudio de caso demuestra cómo una empresa en dificultades puede prosperar reviviendo sus estrategias de ventas y centrándose en la mejora continua y el uso eficaz de CRM. Al adoptar un enfoque personalizado para llegar a clientes potenciales y centrarse en la mejora constante, cualquier empresa puede aumentar sus ventas salientes.

Es importante profundizar en estas estrategias probadas y verdaderas, comprender su mecánica, aplicabilidad y cómo se adaptaron para satisfacer las necesidades comerciales únicas de Smith Co. Con este conocimiento, cualquier empresa puede replicar el éxito que experimentó Smith Co. y cultivar una experiencia transformadora similar.

Estudio de caso 1: La transformación de la Corporación ABC con enfoques de ventas salientes personalizados

ABC Corporation es una empresa de software reconocida mundialmente que llevaba varios años luchando contra cifras de ventas estancadas. Al reconocer que sus esfuerzos de estrategia de ventas existentes no lograban seguir el ritmo de la dinámica cambiante del mercado, decidieron renovar su enfoque hacia las ventas salientes. Esta subsección tiene como objetivo ilustrar narrativamente cómo la Corporación ABC utilizó estrategias de ventas salientes de manera efectiva para transformar su negocio en una potencia de crecimiento y productividad exponencial.

El desafío: desacelerar las ventas y perder oportunidades

A principios de 2018, ABC Corporation había experimentado una tendencia a la baja en sus ventas anuales. Sus equipos de ventas estaban al límite y dedicaron esfuerzos exhaustivos a crear clientes potenciales cálidos y bases de datos completas de clientes. Sin embargo, enfrentaron dificultades cada vez mayores para cerrar acuerdos. Las interacciones con los clientes se habían vuelto transaccionales y el toque personal necesario para construir relaciones duraderas estaba notablemente ausente.

El enfoque: adoptar una metodología estratégica de ventas salientes

ABC Corporation buscó redefinir sus estrategias de ventas salientes centrándose en tres aspectos clave: comunicación de ventas clara, prospección específica y capacitación continua para los equipos de ventas.

1. *Comunicación de ventas clara* : la empresa comenzó perfeccionando sus guiones de ventas, centrándose en gran medida en la educación en lugar de la persuasión. Los guiones de ventas se centraron más en el producto, destacando las ventajas y la utilidad de sus productos de software en lugar de bombardear a los clientes potenciales con llamadas a la acción.
2. *Prospección dirigida* : en segundo lugar, ABC Corporation empleó segmentación y focalización estratégicas. Clasificaron los clientes potenciales en categorías sensibles según el tamaño, la industria y el potencial de conversión. Este enfoque ayudó a crear interacciones personalizadas y cerrar acuerdos de manera más efectiva.
3. *Capacitación del equipo de ventas* : la empresa también invirtió mucho en capacitación continua en ventas. Se impartió un amplio conocimiento del producto para capacitar a la fuerza de ventas para manejar diversas consultas e inquietudes de los clientes con confianza.

La implementación: darse cuenta del poder de las ventas salientes personalizadas

Al implementar estas estrategias, ABC Corporation comenzó a presenciar un aumento prometedor en las conversiones de sus prospectos. Los equipos de ventas tuvieron más éxito a la hora de generar interés y respuestas a través de llamadas, correos electrónicos y reuniones. El enfoque de educación sobre persuasión ayudó a construir una relación de confianza con sus prospectos, ayudándolos a avanzar con confianza a través del embudo de conversión. Además, el poder de la prospección dirigida jugó un papel importante a la hora de ofrecer clientes potenciales relevantes a los equipos de ventas, reduciendo así el desperdicio de tiempo y recursos.

El resultado: un cambio en las cifras de ventas y las relaciones con los clientes

A finales de 2018, ABC Corporation experimentó un aumento del 37 % en sus cifras de ventas. Más significativamente, la calidad de las relaciones con los clientes mejoró, con un aumento en la repetición de clientes y un aumento en la lealtad y satisfacción de los clientes. El servicio posventa se convirtió en un proceso simplificado, fomentando un ambiente de relación continua y recopilación de comentarios.

Un camino a seguir: mejora continua y adaptación

El éxito de ABC Corporation subraya el poder de las estrategias efectivas de ventas salientes. Sin embargo, la clave para un éxito sostenido radica en el perfeccionamiento continuo de estas estrategias frente a la dinámica cambiante del mercado y las preferencias de los clientes.

Este estudio de caso captura sucintamente el poder transformador de las estrategias de ventas salientes cuando se implementan con una cuidadosa planificación y estrategia, volviendo a enfatizar que la comunicación de ventas optimizada, la prospección dirigida y la capacitación constante del equipo de ventas son catalizadores principales para mejorar el desempeño de las ventas y redefinir las relaciones con los clientes.

Estén atentos a más estudios de casos, que ofrecerán información sobre desafíos únicos y los diferentes enfoques que las empresas tuvieron que adoptar para implementar con éxito estrategias de ventas salientes para transformar su suerte comercial.

Estudio de caso 1: Reimaginar las ventas: el exitoso viaje de ventas salientes de una agencia de marketing digital

Una agencia de marketing digital de primer nivel (llamémosla DigiPhenom) proporciona un ejemplo perfecto de cómo aprovechar con éxito el poder de las ventas salientes para crecer exponencialmente. Los clientes de DigiPhenom abarcan desde pequeñas y medianas empresas de diversas industrias. A pesar de tener un presupuesto limitado y un pequeño equipo de ventas, la agencia logró un crecimiento espectacular en la adquisición de clientes y flujos de ingresos con ajustes calculados en su estrategia de ventas.

Desafíos enfrentados

DigiPhenom enfrentó un obstáculo común: la falta de conocimiento de la marca debido a un mercado congestionado y recursos escasos. Su equipo de ventas dependía casi por completo de referencias y esfuerzos menores de inbound marketing, lo que llevó a una generación de ingresos inconsistente. Carecían de una estrategia eficiente y del dominio de las ventas salientes necesario para prospectar, iniciar conversaciones e impulsar el crecimiento.

Adoptar la segunda estrategia saliente

Teniendo en cuenta los obstáculos, DigiPhenom buscó implementar una estrategia de ventas salientes eficaz que fuera de bajo costo, sistemática y escalable. La agencia comenzó por comprender primero las características de su cliente ideal: tamaño, industria y necesidades digitales. A continuación, se invirtió en un buen sistema de gestión de relaciones con el cliente (CRM) para organizar y agilizar su proceso de ventas. El objetivo clave era la capacidad de realizar un seguimiento oportuno y crear canales de comunicación personalizados con sus clientes potenciales.

Reestructurando la generación y prospección de leads

Elaboraron estrategias para su proceso de prospección utilizando LinkedIn Sales Navigator junto con herramientas de automatización de correo electrónico. Al aprovechar LinkedIn, el equipo de ventas pudo realizar prospecciones específicas, identificando clientes potenciales ideales a quienes contactar. Con herramientas de automatización de correo electrónico, enviaron correos electrónicos atractivos y personalizados a escala.

Mejorar las conversaciones de ventas

DigiPhenom entendió la importancia de abrir un diálogo con clientes potenciales. Por lo tanto, prepararon meticulosamente guiones para llamadas en frío y correos electrónicos. Esta preparación incluyó la comprensión de los puntos débiles de los clientes potenciales y cómo las soluciones de DigiPhenom podrían ayudar a abordarlos. La estrategia fue demostrar valor y generar curiosidad durante estas conversaciones. DigiPhenom también implementó una política de "seguimiento" para mantener a los prospectos interesados y líneas de comunicación abiertas.

Medición de resultados e iteración de la estrategia

La clave de su estrategia de ventas salientes fue medir los resultados de manera consistente. Utilizaron los datos de su CRM para realizar un seguimiento de la tasa de respuesta, la tasa de conversión y los acuerdos cerrados para medir de manera efectiva el éxito de su estrategia.

Resultados e Impacto

Después de implementar la estrategia de ventas salientes, DigiPhenom fue testigo de un aumento significativo en su base de datos de clientes. Las llamadas en frío y los correos electrónicos dirigidos llevaron a la expansión de su base de clientes más allá de sus límites geográficos, permitiéndoles acceder a nuevos segmentos de mercado e industrias. El éxito surgió de la capacidad de tomar decisiones informadas a través de conocimientos valiosos extraídos de la medición y evaluación consistentes de los datos.

Conclusión

Este estudio de caso enfatiza el poder transformador de las ventas salientes cuando se ejecutan de manera estratégica y sistemática. A través de una investigación exhaustiva, un alcance personalizado y un seguimiento meticuloso, DigiPhenom no solo superó su patrón de crecimiento relajado, sino que logró transformar su proceso de ventas en un motor vibrante para generar ingresos constantes, lo que los convierte en un ejemplo clásico de dominio de las ventas salientes.

Subsección: Estudio de caso: Corporación ABC: entrega de valor antes de las ganancias

Contexto

ABC Corporation es un proveedor de soluciones de software de tamaño mediano, establecido hace una década, cuya misión es diseñar soluciones tecnológicas excelentes. Aunque tenían una sólida gama de productos, sus ventas estaban estancadas. Se encontraron con que estaban continuamente tratando con los mismos clientes, lo que resultó en un crecimiento mínimo y parecían incapaces de penetrar nuevos mercados de manera significativa.

Problema

Dado el entorno altamente competitivo dentro de su industria, ABC Corporation se dio cuenta de que necesitaba una estrategia de ventas innovadora para prosperar y mantenerse a la vanguardia. Sus métodos existentes eran predominantemente inbound y dependían casi por completo de que los clientes se acercaran a ellos. Se dieron cuenta de que su enfoque era demasiado pasivo y perdieron ventas potenciales.

Solución

Para ampliar sus operaciones y tomar el control del mercado, ABC Corporation decidió adoptar una agresiva estrategia de ventas al exterior. Comenzaron reestructurando su equipo de ventas, contratando personal altamente calificado y competente en llamadas en frío, ventas sociales, prospección por correo electrónico y diseño de presentaciones bien escritas. Establecieron un equipo de desarrollo de ventas dedicado a identificar e investigar clientes potenciales, como se sugirió en un capítulo anterior de este libro.

Implementación

ABC Corporation utilizó un enfoque múltiple para su estrategia de ventas salientes:

1. **Campañas de correo electrónico:** el equipo de ventas redactó correos electrónicos personalizados para clientes potenciales, enfatizando los puntos de venta únicos de sus soluciones de software. Utilizaron estrategias de seguimiento sensatas y éticas para mantener la conexión con clientes potenciales.
2. **Llamadas en frío:** favoreciendo un enfoque de llamadas en frío "cálidas", investigaron los antecedentes de las empresas y adaptaron su propuesta para abordar sus necesidades y puntos débiles específicos.
3. **Venta social:** el equipo recibió capacitación para utilizar plataformas sociales como LinkedIn, no solo para aprovechar clientes potenciales sino también para establecerse como líderes de opinión en su industria.
4. **Enfoque centrado en el cliente:** el equipo adoptó una mentalidad de dar prioridad al cliente. Se centraron en ofrecer soluciones vigorosas, individualizadas y duraderas, en lugar de intentar venderlas con dureza.
5. **Pipeline Management:** Incorporaron un sistema CRM para rastrear contactos, programar seguimientos y analizar la efectividad de sus estrategias.

Resultados

Los resultados de la campaña de ventas al exterior de ABC
Corporation fueron notables:

- Aumento del 60% en clientes potenciales durante el
  primer año.
- El 45% de estos clientes potenciales se convirtieron
  en ventas exitosas, una tasa de conversión que casi
  duplica la tasa anterior.
- Aumento del 30 % en los ingresos generales
- Crecimiento significativo en la cuota de mercado.
- Obtuve varios clientes a largo plazo que fueron
  "convencidos" por el enfoque personalizado hacia sus
  necesidades comerciales.

Lecciones aprendidas

La historia de éxito de ABC Corporation demuestra que una
sólida estrategia de ventas salientes, ejecutada por un
equipo bien preparado, puede generar resultados
significativos. Subraya la importancia de la personalización,
la investigación y una mentalidad centrada en el cliente.

Una de las conclusiones clave de este caso es el cambio de
un enfoque que prioriza las ganancias a uno que prioriza el
valor. ABC Corporation entendió que las ganancias son un
subproducto de la entrega de soluciones sólidas y el
fomento de relaciones a largo plazo con los clientes.

Esta implementación exitosa de estrategias de ventas
salientes contiene información valiosa para cada equipo de
ventas: la agilidad y la personalización son herramientas
potentes en las ventas salientes. Al alejarse de una técnica
única, las empresas pueden penetrar más profundamente
en los mercados y obtener resultados impresionantes.

9.1 Estudio de caso 1: Empresa de software XYZ

Nuestro primer estudio de caso que examina la implementación exitosa de estrategias de ventas salientes nos lleva a la 'Compañía de software XYZ'. Esta empresa tecnológica B2B de tamaño mediano ha crecido enormemente gracias a su compromiso con el dominio de las ventas salientes.

Antes de incorporar prácticas de ventas salientes, dependían en gran medida de canales de inbound marketing como SEO, marketing de contenidos y redes sociales para generar clientes potenciales. Sin embargo, se dieron cuenta de que se estaban perdiendo un sector importante del mercado al que se podía llegar directamente mediante estrategias de salida.

9.1.1 Preimplementación: las limitaciones

Antes de implementar estrategias de salida, XYZ Software Company enfrentó múltiples desafíos. Con una dependencia excesiva del inbound marketing, la empresa simplemente estaba reaccionando a las consultas de los clientes en lugar de buscar prospectos de manera proactiva.

Los principales inconvenientes incluyeron:

1. **Generación pasiva de negocios** : esperar a que los clientes dieran el primer paso significaba perderse partes potencialmente interesadas que aún no estaban familiarizadas con XYZ Software Company.
2. **Adquisición lenta de clientes** : confiar en que los clientes encontraran la empresa a través de canales en línea resultó en un ritmo de operaciones de ventas más lento.
3. **Penetración de mercado inadecuada** : Sin estrategias agresivas para buscar oportunidades, había mercados importantes a los que la empresa no podía llegar.

Al reconocer estos problemas, XYZ Software Company inició la transición hacia el dominio de las ventas salientes con los siguientes pasos:

1. **Capacitación de representantes de ventas** : cada miembro del equipo de ventas recibió una capacitación rigurosa sobre estrategias salientes, como llamadas en frío, envío de correos electrónicos en frío y organización de seminarios web.
2. **Creación de perfiles de clientes específicos** : al identificar clientes y mercados ideales, el equipo de ventas podría centrar sus esfuerzos de forma más eficaz.
3. **Integración de herramientas de software** : el equipo incorporó herramientas de aceleración de ventas como software CRM, análisis de datos y comunicación automatizada por correo electrónico para optimizar sus procesos.
4. **Invertir en investigación de mercado** : la investigación de mercado ayudó al equipo a comprender mejor a los clientes potenciales y a adaptar sus estrategias de comunicación en consecuencia.

Los resultados de la implementación de estrategias de ventas salientes fueron significativos:

1. **Generación de clientes potenciales impulsada** : XYZ Software Company comenzó a generar un 40 % más de clientes potenciales mensualmente, lo que impulsó el crecimiento de las ventas.
2. **Aumento de las tasas de conversión** : el enfoque dirigido condujo a un mejor diálogo con los clientes

potenciales, lo que resultó en un aumento del 30 %
en las tasas de conversión.

3. **Penetración de mercado mejorada** : el enfoque
proactivo ayudó a la empresa a acceder a mercados
que antes estaban fuera de su alcance, ampliando su
base de clientes potenciales.

9.1.4 Lecciones aprendidas

El viaje de XYZ Software Company permitió al equipo hacer
observaciones cruciales y aprender lecciones valiosas sobre
las ventas salientes:

1. **Calidad sobre cantidad** : una gran cantidad de
clientes potenciales significa muy poco cuando la
mayoría no está interesada. La divulgación dirigida
puede mejorar las tasas de conversión generales.
2. **Equilibrar las ventas entrantes y salientes** : si bien
las ventas salientes arrojaron resultados
impresionantes, es esencial mantener estrategias de
entrada para garantizar una técnica de ventas amplia
y dinámica.
3. **Evolución** : las ventas salientes son un proceso en
evolución que requiere mejoras y adaptaciones
continuas para seguir el ritmo de la evolución del
mercado.

El éxito que XYZ Software Company obtuvo con las
estrategias de salida no es único: otras empresas pueden
implementar enfoques similares para tener éxito. Se trata de
establecer objetivos claros, invertir en las herramientas y la
formación adecuadas y aprender de cada interacción con
los clientes potenciales. Como lo demuestra el caso, el
dominio de las ventas salientes realmente puede
transformar vidas y negocios.

Sección 10: Las tendencias futuras en las ventas salientes.

Subsección 10.1: La influencia de la tecnología en las ventas salientes

El futuro de las ventas salientes está directamente relacionado con el panorama tecnológico en rápida evolución. En una era en la que las empresas están impulsadas por la digitalización, las estrategias de ventas deben adaptarse y evolucionar para mantenerse a la vanguardia.

Rutas de IA y aprendizaje automático

Estamos entrando en una era en la que la Inteligencia Artificial (IA) y el aprendizaje automático no son sólo palabras de moda, sino herramientas poderosas que pueden optimizar las estrategias de ventas salientes. La IA puede analizar grandes cantidades de datos con mayor precisión y rapidez que cualquier ser humano, ofreciendo información valiosa que puede mejorar nuestro enfoque hacia los clientes potenciales y potenciales.

Los sistemas CRM basados en IA predecirán qué es probable que compren los clientes, cuándo y por qué, lo que facilitará mucho la venta a los equipos de ventas. El aprendizaje automático, por otro lado, puede ayudarnos a comprender mejor a nuestros clientes al reconocer patrones ocultos en su recorrido como cliente. Podemos aprovechar estos conocimientos para personalizar nuestro enfoque, agregando así un valor tremendo a nuestros esfuerzos de ventas salientes.

En el futuro, estilos más matizados de tecnología de inteligencia artificial, como el procesamiento del lenguaje natural y el análisis de las conversaciones de los clientes, se convertirán en un elemento estándar de las estrategias de ventas empresariales.

Papel de los grandes datos

El análisis de Big Data desempeña un papel fundamental a la hora de proporcionar formas significativas de conectarse con clientes potenciales. Al analizar el comportamiento, las preferencias y los desafíos comunes de los clientes, los agentes de ventas pueden utilizar esta información para afinar su discurso de ventas, abordando los puntos débiles del cliente potencial de manera más íntima y eficiente. Además, el análisis predictivo también puede ayudar a pronosticar tendencias, lo que nos permite ir un paso por delante y perfeccionar nuestras estrategias de ventas salientes en consecuencia.

Realidad virtual y realidad aumentada

La Realidad Virtual (VR) y la Realidad Aumentada (AR) añaden una dimensión completamente nueva a la experiencia de ventas. Nos permiten ofrecer demostraciones de productos vívidas e inmersivas a los clientes, independientemente de su ubicación geográfica. Es posible representar gráficamente datos complejos o participar en un recorrido virtual de un producto o servicio en tiempo real, brindando una experiencia de cliente rica y diferenciada.

Chatbots y otros sistemas de respuesta automatizados

Los sistemas de respuesta automatizados, incluidos los chatbots y los correos electrónicos automatizados, son una forma eficaz de recopilar información del usuario o abordar consultas básicas las 24 horas del día. A medida que estas herramientas se vuelvan más sofisticadas e interactivas, servirán como punto de contacto principal para muchas interacciones de ventas salientes.

Papel de la proximidad social

Las ventas salientes también miran hacia un futuro en el que se produzca la convergencia de las identidades del mundo real y el digital. Conceptos como la proximidad social tienen como objetivo utilizar las huellas digitales para crear estrategias de ventas. Encontrar conexiones comunes a través de plataformas sociales y utilizarlas como puente para conectarse con clientes potenciales ha tenido tasas de éxito en el pasado reciente.

En resumen, el futuro de las ventas salientes es apasionante y muy prometedor. Adoptar la tecnología y sus avances será crucial para transformar vidas y negocios. Estaremos en la intersección entre satisfacer las expectativas evolucionadas de los clientes y al mismo tiempo mantener estable el impulso de crecimiento del negocio, reconociendo que la tecnología impulsará esta evolución.

Subsección 10.1: El impacto de la IA y los Big Data en las ventas salientes

En el panorama cambiante de las ventas salientes, no se puede ignorar el impacto transformador de la Inteligencia Artificial (IA) y el Big Data. Estas tecnologías no son sólo tendencias futuras, sino demarcaciones de una nueva era en ventas y marketing.

Las herramientas de ventas basadas en inteligencia artificial pueden analizar enormes cantidades de datos y brindar información que los vendedores humanos pueden pasar por alto. Por ejemplo, estas herramientas pueden identificar patrones en el comportamiento de los clientes, ayudando a predecir qué clientes potenciales tienen probabilidades de convertirse en ventas. Los algoritmos de aprendizaje automático permiten que estas herramientas mejoren continuamente sus capacidades predictivas, aumentando su utilidad con el tiempo.

Big Data es igualmente importante a la hora de remodelar las ventas salientes. Los vendedores ahora disponen de grandes cantidades de información sobre clientes potenciales. No estamos hablando sólo de datos demográficos, sino también de hábitos de compra, preferencias y datos de comportamiento que revelan información matizada. Los vendedores equipados con perfiles detallados de los consumidores pueden formular estrategias de presentación personalizadas que fluyan naturalmente en las conversaciones con los clientes potenciales.

Sin embargo, el acceso a los datos por sí solo es insuficiente. La interpretación de los datos es fundamental. Los datos sin procesar deben convertirse en conocimientos útiles. Dar sentido a grandes volúmenes de datos puede resultar abrumador. Y aquí es donde entran en juego las herramientas de Big Data, que analizan y extraen información valiosa que los vendedores pueden aprovechar para sus estrategias.

Subsección 10.2: La creciente importancia de la venta social

Las redes sociales se han convertido en una plataforma para mucho más que conectarse con amigos. Ha cambiado las reglas del juego para las empresas, ofreciéndoles nuevas vías para llegar e involucrar a su público objetivo. En consecuencia, las estrategias de ventas salientes han evolucionado y ahora una tendencia emergente en este espacio es la "venta social".

Inicialmente utilizadas para encontrar clientes potenciales, las plataformas de redes sociales ahora respaldan todo el ciclo de ventas. Los vendedores utilizan las redes sociales para identificar clientes potenciales, interactuar con ellos, fomentar relaciones y cerrar acuerdos. Con la publicidad en las redes sociales cada vez más dirigida, es posible dirigir mensajes precisamente a aquellas personas que los encontrarán más relevantes.

Las estrategias de ventas para las redes sociales también deben abordar el cambio en el comportamiento de los clientes. Los clientes de hoy buscan cada vez más interacciones auténticas. Las tácticas de venta dura son menos efectivas en las redes sociales. En cambio, proporcionar contenido valioso, interactuar con los seguidores y construir relaciones produce mejores resultados. Al reconocer la tendencia, los profesionales de ventas deberán perfeccionar sus habilidades en las redes sociales e integrar las ventas sociales de manera efectiva en su estrategia.

Subsección 10.3: El surgimiento de la automatización de ventas

Las futuras ventas salientes no se definirán por el esfuerzo que los vendedores pongan en vender, sino por la inteligencia con la que trabajen. Ingrese a la automatización de ventas, otra tendencia más que está lista para revolucionar el panorama de las ventas salientes.

Las herramientas de automatización de ventas están diseñadas para automatizar tareas repetitivas, liberando a los vendedores para que puedan centrarse en lo más importante: vender. Desde la generación de leads, la puntuación de leads hasta el seguimiento de las interacciones y los seguimientos de los clientes, todos los aspectos del proceso de ventas se pueden automatizar.

Estas herramientas son más que meros ahorros de tiempo. Aportan coherencia al proceso de ventas, aumentan la eficiencia, reducen las posibilidades de errores y ayudan a fomentar los clientes potenciales de forma más eficaz. Los vendedores pueden realizar un seguimiento de los clientes potenciales adecuados en el momento adecuado, un nivel de precisión que puede marcar la diferencia a la hora de alcanzar los objetivos de ventas.

La automatización también afecta las experiencias de los clientes, un factor cada vez más importante en las ventas. Una pronta respuesta puede ser un factor diferenciador para una empresa. La automatización garantiza que ningún cliente potencial quede desatendido y que cada uno reciba respuestas oportunas, lo que mejora la experiencia general del cliente.

Si bien estas tendencias están preparadas para definir el futuro de las ventas salientes, es crucial recordar que el núcleo de las ventas aún reside en comprender las necesidades de los clientes y ofrecer soluciones valiosas. La tecnología es un facilitador, pero en última instancia, son las habilidades y relaciones interpersonales las que hacen que un vendedor tenga éxito.

Subsección 10.1: IA (Inteligencia Artificial) en las Ventas Salientes

Una disrupción importante en las ventas salientes ha sido el crecimiento de las tecnologías basadas en inteligencia artificial. A medida que las empresas se adaptan al panorama en constante cambio, los equipos de ventas están experimentando e implementando IA para calificar prospectos, atraer clientes potenciales y generar ventas.

IA para la generación y gestión de leads

El antiguo modelo de ventas requería horas de examinar prospectos mediocres para finalmente conseguir un par de clientes potenciales. Este proceso no sólo llevó mucho tiempo, sino que también fue costoso. Las soluciones tecnológicas basadas en IA están revolucionando la generación y gestión de leads con su capacidad para escanear bases de datos masivas y registrar el comportamiento en línea rápidamente, lo que puede resultar especialmente útil en las ventas B2B. Ahora, los equipos de ventas pueden ampliar su red y dedicar tiempo únicamente a conversaciones con prospectos de alto potencial.

IA para inteligencia de conversaciones de ventas

La implementación de la IA en las ventas no se limita a adquirir clientes potenciales: también es una herramienta poderosa durante el proceso de ventas. La inteligencia de conversaciones es una función impulsada por la inteligencia artificial que puede ofrecer análisis en profundidad e información útil sobre los esfuerzos de los equipos de ventas. Con la IA, podrá identificar tendencias y patrones, aprender qué lenguaje y estrategias son los más efectivos y generar predicciones y pronósticos precisos para guiar sus esfuerzos futuros.

IA para personalización

La IA ayuda a lograr un compromiso más personal con los clientes. Le permite personalizar contenidos y ofertas basándose en análisis predictivos. La IA tiene el potencial de aprender del comportamiento pasado y crear mensajes personalizados que resuenen más eficazmente con los clientes en diferentes niveles dentro del recorrido del comprador.

IA para la automatización de ventas

La automatización tiene un papel muy importante en el futuro de las ventas salientes. Muchas de las tareas de ventas mundanas y que consumen mucho tiempo, como enviar correos electrónicos, programar y realizar un seguimiento, se pueden automatizar con un software de ventas inteligente. Las herramientas basadas en IA pueden ir más allá de la automatización al proporcionar a los vendedores respuestas sugeridas, próximos pasos basados en el comportamiento del cliente e incluso razonamiento automatizado sobre las promesas y riesgos de una transacción.

El desafío de la IA en las ventas

Por muy prometedoras que sean las perspectivas de la IA en las ventas, su adopción plantea importantes desafíos. Por ejemplo, como cualquier tecnología, la IA es propensa a errores y sesgos. También requiere una inversión significativa en capacitación del personal, hardware y software, así como la capacidad de combinar la nueva tecnología con los sistemas y procesos actuales.

Sin embargo, los beneficios a largo plazo de la IA en eficiencia, precisión y costos superan con creces los desafíos a corto plazo. A medida que avanzamos, las empresas que no logran adaptarse a estos avances en las ventas salientes corren el riesgo de quedar obsoletas.

En conclusión, el futuro de las ventas salientes ofrece un apasionante punto de fusión entre la intuición humana y la inteligencia artificial. En las subsecciones siguientes, exploramos otras tendencias que darán forma al futuro de las ventas salientes, como la creciente importancia de las ventas sociales y el predominio de la tecnología móvil.

Profundizaremos en la interacción de estas tendencias, con el objetivo de dotar al lector de conocimientos suficientes para anticipar el panorama de ventas salientes en el futuro y tomar decisiones informadas, estratégicas y sostenibles.

Subsección 10.1: Venta predictiva: aprovechamiento de la IA y el aprendizaje automático

A medida que avanzamos hacia el futuro, las ventas salientes ya no dependerán únicamente del juicio humano y de las estrategias tradicionales. De hecho, ya estamos viendo avances significativos en el uso de la inteligencia artificial (IA) y el aprendizaje automático en el campo de las ventas. Estas tecnologías, debido a su potencial para analizar grandes volúmenes de datos y obtener información significativa, cambiarán las reglas del juego en las ventas salientes.

Prospección impulsada por IA

La IA ha demostrado ser extremadamente eficaz en las etapas iniciales de las ventas salientes, que implican identificar clientes potenciales y comunicarse con ellos. Actualmente, los vendedores suelen pasar incontables horas buscando manualmente en datos en línea y plataformas sociales para encontrar clientes potenciales. La IA puede automatizar este proceso, utilizando algoritmos para escanear información en línea e identificar clientes potenciales en función de criterios específicos. Esto no sólo acelera el proceso sino que también crea listas de prospectos más precisas.

Mensajería personalizada con aprendizaje automático

La personalización es crucial en las ventas salientes. Cuanto más relevante sea su mensaje para un cliente potencial específico, más probabilidades habrá de que interactúe. Aquí, el aprendizaje automático ofrece una ventaja. Puede analizar datos de múltiples fuentes, como interacciones pasadas, actividades en redes sociales y patrones de navegación para crear un perfil integral de las necesidades e intereses de un cliente. Este análisis en profundidad permite a los equipos de ventas elaborar mensajes altamente personalizados, aumentando drásticamente las tasas de respuesta.

Seguimiento y programación automatizados

La IA también puede ayudar en la programación y el seguimiento, ahorrando un tiempo considerable a los profesionales de ventas. Las herramientas modernas de inteligencia artificial pueden automatizar el seguimiento de correos electrónicos, programar reuniones e incluso administrar el calendario de los representantes de ventas. Esto permite a los profesionales de ventas centrarse más en cerrar acuerdos que en tareas logísticas.

Análisis predictivo para la previsión de ventas

La previsión de ventas siempre ha sido una parte desafiante de las ventas salientes. Sin embargo, con el análisis predictivo, una rama de la IA, se vuelve considerablemente más fácil y preciso. El análisis predictivo utiliza datos históricos y algoritmos de aprendizaje automático para realizar pronósticos sobre tendencias de ventas futuras. Esto incluye predecir qué clientes potenciales tienen más probabilidades de realizar una conversión, lo que permite a los equipos de ventas centrar sus esfuerzos de forma más estratégica.

Mejora del rendimiento de la formación y las ventas

Por último, la IA y el aprendizaje automático también pueden desempeñar un papel clave en la formación y mejora de la eficiencia de los profesionales de ventas. Las herramientas de inteligencia artificial pueden analizar datos de desempeño para identificar las fortalezas y debilidades de cada vendedor. Esta información se puede utilizar para brindarles capacitación y apoyo personalizados para ayudarlos a mejorar sus habilidades y tácticas.

En conclusión, las ventas salientes están pasando de un proceso predominantemente manual e intuitivo a un campo automatizado más basado en datos que aprovecha tecnologías de vanguardia como la inteligencia artificial y el aprendizaje automático. A medida que la tecnología continúa avanzando, es probable que veamos una integración aún mayor de la IA en las ventas salientes, redefiniendo por completo la industria. Aquellos que puedan adaptarse y aprovechar el poder de estas tecnologías definitivamente se destacarán en el competitivo mundo de las ventas salientes.

Subsección 10.1: El auge de la automatización y la inteligencia artificial en las ventas salientes

Mientras echamos un vistazo al futuro de las ventas salientes, no podemos evitar discutir el importante papel de la Inteligencia Artificial (IA) y los sistemas de automatización. Aunque algunos todavía consideran que estos avances tecnológicos son intimidantes, su influencia en la industria es innegable y, cuando se usan adecuadamente, pueden tener efectos sustanciales y positivos en las estrategias de ventas salientes.

IA y automatización: los que cambian el juego

El primer aspecto que hay que entender sobre la IA y la automatización es que no están diseñadas para reemplazar a los vendedores, sino para mejorar su productividad y eficiencia. La tecnología de inteligencia artificial, con sus algoritmos de aprendizaje automático y capacidades de análisis predictivo, puede ayudar a los vendedores a examinar grandes cantidades de datos, reconocer patrones y proporcionar información útil.

Las herramientas de automatización, por otro lado, pueden manejar tareas repetitivas y tediosas que a menudo consumen el valioso tiempo de un vendedor. Al automatizar tareas como la generación de clientes potenciales, la puntuación de clientes potenciales y el seguimiento, los vendedores pueden centrarse más en desarrollar relaciones personales con clientes potenciales, elaborar enfoques personalizados y cerrar acuerdos.

Comprender el comportamiento del cliente a través de la IA

La capacidad de la IA para procesar grandes cantidades de datos y dar sentido a patrones complejos la convierte en una herramienta ideal para comprender el comportamiento del cliente. Con la IA, las empresas pueden rastrear la huella digital de un cliente potencial, comprender sus necesidades y preferencias y predecir el comportamiento futuro. Los conocimientos proporcionados por la IA pueden ayudar a los equipos de ventas a planificar estratégicamente su alcance, sabiendo exactamente cuándo acercarse a un cliente, qué ofrecerle y cómo comunicarse eficazmente con él.

Impulsar la personalización con IA y automatización

En una era en la que los clientes aprecian (y esperan cada vez más) experiencias personalizadas, la IA puede mejorar drásticamente el rendimiento de los equipos de ventas salientes. Puede ayudar a los equipos a segmentar a sus clientes, elaborar mensajes altamente personalizados y guiar conversaciones individuales. Además, con las herramientas de automatización, se pueden enviar mensajes personalizados de forma sistemática y coherente, garantizando que ningún cliente potencial quede desapercibido.

IA y análisis predictivo: agilizando el proceso de ventas

Otra tendencia potencial que estamos viendo en el panorama de las ventas salientes es el uso de análisis predictivos impulsados por IA. Esto incluye predecir qué clientes potenciales tienen probabilidades de realizar una conversión, qué productos es probable que compren y cuándo es probable que realicen una compra. Reduce significativamente las conjeturas y ayuda a los vendedores a tomar decisiones basadas en datos.

Chatbots de IA y asistentes virtuales

Los chatbots con IA y los asistentes virtuales son otra parte importante del futuro de las ventas salientes. Pueden interactuar con los clientes las 24 horas del día, los 7 días de la semana, responder sus preguntas, procesar sus pedidos e incluso ayudarlos a resolver problemas. Si bien no pueden reemplazar completamente la interacción humana, pueden hacerse cargo de las interacciones iniciales y consultas simples, liberando tiempo para que el personal de ventas interactúe con los clientes potenciales en un nivel más profundo.

Extrayendo valor de Big Data

A medida que acumulemos más y más datos, las empresas enfrentarán el desafío de utilizarlos de manera efectiva. Las tecnologías de inteligencia artificial y automatización proporcionarán la clave para desbloquear el valor oculto en estos datos. Desde predecir los mejores clientes potenciales hasta comprender las tendencias del mercado global, el big data combinado con estas tecnologías ofrece un potencial sin explotar para el proceso de ventas salientes.

Las consideraciones éticas de la IA

A pesar de las muchas ventajas que ofrecen la IA y la automatización, es esencial abordar las consideraciones éticas que rodean su uso. Garantizar la privacidad, gestionar los posibles sesgos en los algoritmos de IA y brindar transparencia en las decisiones impulsadas por la IA son áreas que necesitarán atención constante.

En conclusión, el futuro de las ventas salientes estará determinado significativamente por la inteligencia artificial y la tecnología de automatización. Aceptar estos avances, adaptarse a su potencial y comprender sus limitaciones será una parte vital para dominar las ventas salientes en el futuro.

Derechos de autor y exenciones de responsabilidad de contenido:

Descargo de responsabilidad sobre contenido asistido por IA: El contenido de este libro se generó con la ayuda de modelos de lenguaje de inteligencia artificial (IA) como CHatGPT y Llama. Si bien se han hecho esfuerzos para garantizar la exactitud y relevancia de la información proporcionada, el autor y el editor no ofrecen garantías con respecto a la integridad, confiabilidad o idoneidad del contenido para ningún propósito específico. El contenido generado por IA puede contener errores, inexactitudes o información desactualizada, y los lectores deben tener cuidado y verificar de forma independiente cualquier información antes de confiar en ella. El autor y el editor no serán responsables de las consecuencias que surjan del uso o la confianza en el contenido generado por IA en este libro.

Descargo de responsabilidad general:
Utilizamos herramientas de generación de contenido para crear este libro y obtenemos una gran cantidad de material de herramientas de generación de texto. Ponemos a disposición material y datos financieros a través de nuestros Servicios. Para ello, nos basamos en una variedad de fuentes para recopilar esta información. Creemos que se trata de fuentes confiables, creíbles y precisas. Sin embargo, puede haber ocasiones en las que la información sea incorrecta.
NO HACEMOS RECLAMACIONES NI DECLARACIONES EN CUANTO A LA EXACTITUD, INTEGRIDAD O VERDAD DE NINGÚN MATERIAL CONTENIDO EN NUESTRO libro. TAMPOCO SEREMOS RESPONSABLES POR NINGÚN ERROR, INEXACTITUD U OMISIÓN, Y ESPECÍFICAMENTE RENUNCIA A CUALQUIER GARANTÍA IMPLÍCITA O COMERCIABILIDAD O IDONEIDAD PARA CUALQUIER PROPÓSITO PARTICULAR Y EN NINGÚN

Además de lo anterior, es importante tener en cuenta que los modelos de lenguaje como ChatGPT se basan en técnicas de aprendizaje profundo y han sido entrenados con grandes cantidades de datos de texto para generar texto similar al humano. Estos datos de texto incluyen una variedad de fuentes, como libros, artículos, sitios web y mucho más. Este proceso de capacitación permite que el modelo aprenda patrones y relaciones dentro del texto y genere resultados que sean coherentes y contextualmente apropiados.

Los modelos de lenguaje como ChatGPT se pueden utilizar en una variedad de aplicaciones, incluidas, entre otras, servicio al cliente, creación de contenido y traducción de idiomas. En el servicio de atención al cliente, por ejemplo, se pueden utilizar modelos lingüísticos para responder a las consultas de los clientes de forma rápida y precisa, liberando a los agentes humanos para que se encarguen de tareas más complejas. En la creación de contenido, se pueden utilizar modelos de lenguaje para generar artículos, resúmenes y subtítulos, lo que ahorra tiempo y esfuerzo a los creadores de contenido. En la traducción de idiomas, los modelos lingüísticos pueden ayudar a traducir texto de un idioma a otro con gran precisión, lo que ayuda a derribar las barreras del idioma.

Sin embargo, es importante tener en cuenta que, si bien los modelos de lenguaje han logrado grandes avances en la generación de texto similar al humano, no son perfectos. Todavía existen limitaciones para la comprensión del modelo del contexto y el significado del texto, y puede generar resultados incorrectos u ofensivos. Como tal, es importante utilizar los modelos de lenguaje con precaución y verificar siempre la precisión de los resultados generados por el modelo.

Descargo de responsabilidad financiera

Este libro está dedicado a ayudarlo a comprender el mundo de las inversiones en línea, eliminar cualquier temor que pueda tener sobre cómo comenzar y ayudarlo a elegir buenas inversiones. Nuestro objetivo es ayudarlo a tomar el control de su bienestar financiero brindándole una sólida educación financiera y estrategias de inversión responsable. Sin embargo, la información contenida en este libro y en nuestros servicios es solo para información general y fines educativos. No pretende sustituir el asesoramiento legal, comercial y/o financiero de un profesional autorizado. El negocio de la inversión en línea es un asunto complicado que requiere una debida diligencia financiera seria para cada inversión para tener éxito. Se recomienda encarecidamente buscar los servicios de profesionales calificados y competentes antes de realizar cualquier inversión que pueda afectar sus finanzas. Esta información la proporciona este libro, incluida la forma en que se elaboró, denominados colectivamente los "Servicios".

Tenga cuidado con su dinero. Utilice únicamente estrategias con las que ambos comprendan los riesgos potenciales y se sientan cómodos con ellas. Es su responsabilidad invertir sabiamente y salvaguardar su información personal y financiera.

Creemos que tenemos una gran comunidad de inversores que buscan lograr y ayudarse mutuamente a lograr el éxito financiero a través de la inversión. En consecuencia, animamos a la gente a comentar en nuestro blog y posiblemente en el futuro en nuestro foro. Muchas personas contribuirán en este asunto, sin embargo, habrá ocasiones en las que las personas proporcionen información engañosa, engañosa o incorrecta, sin querer o de otra manera.

NUNCA debe confiar en la información u opiniones que lea en este libro, o en cualquier libro al que podamos vincular. La información que lea aquí y en nuestros servicios debe utilizarse como punto de partida para su PROPIA INVESTIGACIÓN sobre diversas empresas y estrategias de inversión para que pueda tomar una decisión informada sobre dónde y cómo invertir su dinero.

NO GARANTIZAMOS LA VERACIDAD, CONFIABILIDAD O INTEGRIDAD DE NINGUNA INFORMACIÓN PROPORCIONADA EN LOS COMENTARIOS, FORO U OTRAS ÁREAS PÚBLICAS DEL libro O EN CUALQUIER HIPERVÍNCULO QUE APARECE EN NUESTRO libro.

Nuestros Servicios se brindan para ayudarlo a comprender cómo tomar buenas decisiones financieras personales y de inversión. Usted es el único responsable de las decisiones de inversión que tome. No seremos responsables de ningún error u omisión en el libro, incluidos artículos o publicaciones, de hipervínculos incrustados en mensajes o de cualquier resultado obtenido del uso de dicha información. Tampoco seremos responsables de ninguna pérdida o daño, incluidos los daños emergentes, si los hubiera, causados por la confianza del lector en cualquier información obtenida mediante el uso de nuestros Servicios. Por favor, no utilice nuestro libro si no acepta la responsabilidad propia de sus acciones.

La Comisión de Bolsa y Valores de EE. UU. (SEC) ha publicado información adicional sobre el ciberfraude para ayudarle a reconocerlo y combatirlo de manera efectiva. También puede obtener ayuda adicional sobre los esquemas de inversión en

línea y cómo evitarlos en los siguientes libros:
http://www.sec.gov, http://www.finra.org y
http://www.nasaa.org. Cada una de estas son organizaciones
creadas para ayudar a proteger a los inversores en línea.

Si elige ignorar nuestros consejos y no realizar una
investigación independiente de las diversas industrias,
empresas y acciones, tiene la intención de invertir y confiar
únicamente en la información, los "consejos" y las opiniones
que se encuentran en nuestro libro; acepta que ha hecho una
decisión consciente y personal de su propia voluntad y no
intentará hacernos responsables de los resultados de la misma
bajo ninguna circunstancia. Los Servicios ofrecidos en este
documento no tienen como objetivo actuar como su asesor de
inversiones personal. No conocemos todos los datos relevantes
sobre usted y/o sus necesidades individuales, y no declaramos
ni afirmamos que ninguno de nuestros Servicios sea adecuado
para sus necesidades. Debe buscar un asesor de inversiones
registrado si busca asesoramiento personalizado.

Enlaces a otros sitios. También podrá vincular otros libros de
vez en cuando a través de nuestro Sitio. No tenemos ningún
control sobre el contenido o las acciones de los libros a los que
vinculamos y no seremos responsables de nada que ocurra en
relación con el uso de dichos libros. La inclusión de cualquier
enlace, a menos que se indique expresamente lo contrario, no
debe considerarse como un respaldo o recomendación de ese
libro o de las opiniones expresadas en él. Usted, y sólo usted, es
responsable de realizar su propia diligencia debida en cualquier
libro antes de hacer cualquier negocio con ellos.

Descargo de responsabilidad y limitaciones de responsabilidad:
Bajo ninguna circunstancia, incluida, entre otras, la
negligencia, nosotros, ni nuestros socios, si alguno, o
cualquiera de nuestros afiliados, seremos responsables, directa

o indirectamente, de cualquier pérdida o daño, cualquiera que sea el resultado. de, o en conexión con, el uso de nuestros Servicios, incluidos, entre otros, daños directos, indirectos, consecuentes, inesperados, especiales, ejemplares u otros daños que puedan resultar, incluidos, entre otros, pérdidas económicas, lesiones, enfermedades o muerte o cualquier otro tipo de pérdida o daño, o reacciones inesperadas o adversas a las sugerencias contenidas en este documento o que de otro modo le hayan sido causadas o supuestamente le hayan sido causadas en relación con su uso de cualquier consejo, bien o servicio que reciba en el Sitio, independientemente de la fuente, o cualquier otro libro que haya visitado a través de enlaces de nuestro libro, incluso si se le advirtió de la posibilidad de dichos daños.

Es posible que la ley aplicable no permita la limitación o exclusión de responsabilidad o daños incidentales o consecuentes (incluidos, entre otros, la pérdida de datos), por lo que es posible que la limitación o exclusión anterior no se aplique a usted. Sin embargo, en ningún caso nuestra responsabilidad total hacia usted por todos los daños, pérdidas y causas de acción (ya sea por contrato, agravio o de otro tipo) excederá el monto que usted nos pagó, si corresponde, por el uso de nuestro Servicios, si los hubiere. Y al utilizar nuestro Sitio, usted acepta expresamente no intentar responsabilizarnos por las consecuencias que resulten de su uso de nuestros Servicios o de la información proporcionada en ellos, en cualquier momento o por cualquier motivo, independientemente de las circunstancias.

Descargo de responsabilidad sobre resultados específicos. Estamos dedicados a ayudarlo a tomar el control de su bienestar financiero a través de la educación y la inversión. Proporcionamos estrategias, opiniones, recursos y otros Servicios que están diseñados específicamente para eliminar el ruido y la exageración y ayudarlo a tomar mejores decisiones de inversión y finanzas personales. Sin embargo, no hay forma de garantizar que ninguna estrategia o técnica sea 100% efectiva, ya que los resultados variarán según el individuo y el esfuerzo y compromiso que realice para lograr su objetivo. Y lamentablemente no te conocemos. Por lo tanto, al usar y/o comprar nuestros servicios, usted acepta expresamente que los resultados que reciba del uso de esos Servicios dependen únicamente de usted. Además, también acepta expresamente que todos los riesgos de uso y cualquier consecuencia de dicho uso correrán a cargo exclusivamente de usted. Y que no intentará responsabilizarnos en ningún momento ni por ningún motivo, independientemente de las circunstancias.

Según lo estipulado por la ley, no podemos ni ofrecemos ninguna garantía sobre su capacidad para lograr resultados particulares mediante el uso de cualquier Servicio adquirido a través de nuestro libro. Nada en esta página, nuestro libro o cualquiera de nuestros servicios es una promesa o garantía de resultados, incluido el hecho de que ganará una determinada cantidad de dinero o, cualquier dinero, también comprende que todas las inversiones conllevan algún riesgo y De hecho, es posible que pierda dinero al invertir. En consecuencia, todos los resultados indicados en nuestro libro, en forma de testimonios, estudios de casos o de otro modo, son ilustrativos de conceptos únicamente y no deben considerarse resultados promedio ni promesas de desempeño real o futuro.

lectores obtengan resultados similares. El éxito individual en el comercio depende de varios factores, incluida la situación financiera personal, la tolerancia al riesgo y la capacidad de aplicar consistentemente las estrategias y técnicas discutidas.